中国石化 HSSE 管理体系实施问答

中国石油化工集团有限公司安全监管局
中国石化青岛安全工程研究院
组织编写

中国石化出版社

内容提要

本书针对中国石油化工集团有限公司HSSE管理体系及其建立与实施的全过程，采用一问一答的形式，从体系建设背景、体系要求理解、体系实施指导等方面，对企业在学习理解、建设完善、实施运行HSSE管理体系过程中可能遇到的常见问题进行了全面系统的解答，内容丰富，实例充足，可读性强。

本书适合作为中国石化广大干部员工进行HSSE管理体系宣贯培训的教材，也可供企业主要负责人、HSSE管理人员、HSSE管理体系审核人员以及广大干部员工自学使用。

图书在版编目(CIP)数据

中国石化HSSE管理体系实施问答／中国石油化工集团有限公司安全监管局,中国石化青岛安全工程研究院组织编写.—北京：中国石化出版社，2019.9
ISBN 978-7-5114-5520-8

Ⅰ.①中… Ⅱ.①中… ②中… Ⅲ.①石油化工企业-劳动保护-劳动管理-中国-问题解答 ②石油化工企业-环境管理-中国-问题解答 Ⅳ.①F426.22-44

中国版本图书馆CIP数据核字(2019)第187454号

未经本社书面授权,本书任何部分不得被复制、抄袭,或者以任何形式或任何方式传播。版权所有,侵权必究。

中国石化出版社出版发行

地址:北京市朝阳区吉市口路9号
邮编:100020 电话:(010)59964500
发行部电话:(010)59964526
http://www.sinopec-press.com
E-mail:press@sinopec.com
北京富泰印刷有限责任公司印刷
全国各地新华书店经销

*

710×1000毫米 16开本 15印张 203千字
2019年9月第1版 2019年9月第1次印刷
定价:66.00元

《中国石化 HSSE 管理体系实施问答》
编　委　会

主　　编： 夏于飞

副 主 编： 杜红岩　牟善军　吴柏志

编写人员： 王廷春　罗宏志　刘　坤　吴小毅
厉建祥　万古军　穆　帅　贺辉宗
王文正　吴德松　赵　勇　王利涛
孙德青　贺伟东　王　涛　徐　峰
林　晖　颜丽敏　胡鹏飞　朱健刚
于菲菲　商　翼　王昭华　白慧渊
张晓华　辛一男　陈　亮　杨国栋
荆玉杰　薛洪旺　蔡宝华　侯　凤
刘　亭　张聪麟　殷安杰　傅建斌
吴瑞青　穆　波　李千登　韩超一
张道斌

前言

Preface

近年来，通过中国石化广大干部员工的共同努力，集团公司HSSE形势总体趋好。为全面提升HSSE管理水平，集团公司组织制定并下发了中国石化HSSE管理体系，并于2019年1月1日起在全系统范围内实施。HSSE管理体系是各级管理者和全体员工在生产经营活动中必须遵循的准则，是集团公司强化HSSE管理，实现安全发展、绿色发展，建设世界一流能源化工公司的重要保障。

为进一步加强企业对中国石化HSSE管理体系的理解，推动体系落实落地，青岛安全工程研究院组织编写了《中国石化HSSE管理体系实施问答》。本书共分为总则篇、理解篇、实施篇三大部分。第一部分"总则篇"从宏观层面阐述了HSSE管理体系的修订背景、设计思路、组成构成、主要变化、运行模式、主要特点等方面内容。第二部分"理解篇"以国家法律法规、集团公司HSSE管理制度要求为基础，对中国石化HSSE管理体系30个要素的具体要求进行了逐一解读、释义。第三部分“实施篇”则是从体系建设准备、HSSE管理初始状态评审、体系文件编制、HSSE管理体系试运行、内部审核和管理评审等五个关键步骤出发，为企业如何建设、实施HSSE管理体系提供详细指导。同时，为了便于读者学习，书后附有集团公司相关规定和文件，供大家参考。

因编写时间仓促，书中难免有不当之处和缺点错误，敬请读者指正并提出宝贵意见。

目 录
Contents

总则篇

1. 什么是 HSSE 管理体系？ …… 3
2. 为什么要修订中国石化 HSSE 管理体系？ …… 3
3. HSSE 管理体系的设计思路是什么？ …… 5
4. HSSE 管理体系由哪些内容构成？ …… 6
5. HSSE 管理体系要求有哪些主要变化？ …… 7
6. HSSE 管理体系的运行模式是什么？ …… 9
7. HSSE 管理体系要求的要素设置？ …… 10
8. HSSE 管理体系要求与各体系要素的异同？ …… 10
9. 为什么要增加“聚焦基层　夯实基础”？ …… 14

理解篇

第一部分　组织引领　全员尽责

1.1　领导引领力 …… 17
1. 领导引领力建设的重点内容？ …… 17

2. 领导干部如何强化领导引领力？ …………………………… 17
3. 领导承诺的主要内容？ ………………………………………… 19
4. 领导干部安全环保行为公示的内容？ ………………………… 19
5. 企业应如何制定年度 HSSE 工作目标？ ……………………… 19
6. 安全观察的重点包括哪些？ …………………………………… 20
1.2 HSSE 组织 …………………………………………………… 20
1. 企业应设立哪些 HSSE 组织？ ………………………………… 20
2. 企业环境监测工作应由谁承担？ ……………………………… 21
1.3 HSSE 责任 …………………………………………………… 21
1. 企业 HSSE 组织承担的主要 HSSE 责任？ …………………… 21
1.4 HSSE 投入 …………………………………………………… 23
1. HSSE 投入的定义？ …………………………………………… 23
2. HSSE 投入的重点方向？ ……………………………………… 23
3. HSSE 投入的使用范围？ ……………………………………… 23
1.5 社会责任 ……………………………………………………… 24
1. 什么是责任关怀？ ……………………………………………… 24
2. 企业应承担的社会责任有哪些？ ……………………………… 24
3. 企业如何开展内部沟通交流？ ………………………………… 25
4. 企业如何开展外部沟通？ ……………………………………… 26

第二部分　评估风险　治理隐患

2.1 依法合规 ……………………………………………………… 28
1. 我国安全生产法律法规体系是如何构成的？ ………………… 28
2. 我国环境保护法律法规体系是如何构成的？ ………………… 29
3. 企业应如何开展合规性评价？ ………………………………… 29
2.2 风险识别与评估 ……………………………………………… 30
1. HSSE 管理体系对开展风险评估的基本要求是什么？ ……… 30

2. 过程安全风险范畴与主要评估方法有哪些？ …………………… 31
3. 环境风险范畴与主要评估方法有哪些？ ………………………… 32
4. 中国石化对企业风险识别有哪些具体要求？ …………………… 33
5. 中国石化对企业风险评价有哪些具体要求？ …………………… 34
6. 中国石化对企业安全风险降级或销项有哪些具体要求？ ……… 37
7. 中国石化对企业环保风险降级或销项有哪些具体要求？ ……… 38
2.3 重大危险源 ……………………………………………………… 38
1. 我国重点监管的危险化学工艺有哪些？ ………………………… 38
2. 国家对重大危险源的具体要求有哪些？ ………………………… 39
3. 涉及重大危险源的危险化学品企业的管理要求有哪些？ ……… 41
4. 企业如何建立自身动态风险清单？ ……………………………… 42
2.4 隐患排查治理 …………………………………………………… 42
1. 隐患的特征是什么？ ……………………………………………… 42
2. 安全隐患是如何分级的？ ………………………………………… 43
3. 环保隐患是如何分级的？ ………………………………………… 43
4. 中国石化对企业开展隐患排查有哪些基本要求？ ……………… 44
5. 中国石化对企业开展隐患治理有哪些基本要求？ ……………… 45
6. 中国石化对企业开展风险管控与隐患治理信息管理有哪些基本要求？ …………………………………………………………………… 45
7. 环保隐患排查的主要内容是什么？ ……………………………… 46

第三部分 管控过程 强化执行

3.1 培训管理 ……………………………………………………… 49
1. 企业的培训职责有哪些？ ………………………………………… 49
2. 企业 HSSE 培训管理原则与要求有哪些？ ……………………… 49
3. 企业 HSSE 培训组织与实施的基本流程是什么？ ……………… 50
4. 安全取证培训的范围及要求有哪些？ …………………………… 51

5. 石化企业重要节点的安全培训要求有哪些？ …………………… 52
6. 企业环保培训的主要内容是什么？ ………………………………… 52
7. 企业环保培训的频次要求是什么？ ………………………………… 53
8. 承包商 HSSE 培训与考核要求有哪些？ …………………………… 53
3.2 建设项目管理 ……………………………………………………… 55
1. 建设项目 HSSE 管理主要包括哪些原则？ ………………………… 55
2. 企业建设项目在开展风险评估时应考虑哪些方面？ ……………… 55
3. 建设项目可研阶段应关注哪些 HSSE 问题？ ……………………… 55
4. 建设项目基础设计阶段应注意哪些 HSSE 问题？ ………………… 56
5. 建设项目详细设计阶段应注意哪些 HSSE 问题？ ………………… 57
6. 建设项目应满足哪些“三同时”要求？ …………………………… 58
7. 建设项目如何进行采购全过程 HSSE 控制？ ……………………… 59
8. 建设项目施工设备与工具 HSSE 管理要求有哪些？ ……………… 59
9. 建设项目施工期应开展哪些环境保护工作？ ……………………… 60
10. 建设项目中有哪些作业需要执行作业许可制度？ ……………… 61
11. 建设项目竣工验收包括哪些 HSSE 专项验收？ ………………… 61
12. 建设项目竣工环保验收的要求？ ………………………………… 61
13. 建设项目环境影响后评价应如何开展？ ………………………… 62
14. 建设项目管理“三查四定”是指什么？ ………………………… 62
3.3 生产运行管理 ……………………………………………………… 63
1. 操作规程主要包括哪些内容？ ……………………………………… 63
2. 操作规程的具体管理要求有哪些？ ………………………………… 63
3. 企业如何对生产异常情况进行闭环管理？ ………………………… 64
4. 企业装置开工方案主要包含哪些内容？ …………………………… 64
5. 装置开工需要注意哪些安全事项？ ………………………………… 64
6. 企业装置停工方案主要包含哪些内容？ …………………………… 65
7. 装置停工安全措施有哪些？ ………………………………………… 66

8. 企业装置开、停工方案的相关管理要求有哪些? …… 67
9. 装置(设施)投料试车前应满足的条件有哪些? …… 68
3.4 危险化学品储运管理 …… 73
1. 危险化学品装卸与运输作业有哪些安全要求? …… 73
2. 危险化学品有哪些管理要求? …… 75
3. 易制毒、易制爆、剧毒化学品及高毒物品有哪些管理要求? …… 76
4. 危险化学品的废弃处置要求有哪些? …… 76
5. 危险化学品的安全说明书(SDS)应包含哪些内容? …… 77
3.5 设备设施管理 …… 78
1. 什么是设备完整性管理? …… 78
2. 设备完整性管理的优势是什么? …… 79
3. 炼化企业推行设备完整性管理的意义是什么? …… 79
4. 石化企业的安全设施有哪些? …… 80
5. 设备完整性体系和 HSSE 管理体系的关系? …… 82
6. 管道完整性体系如何融入 HSSE 管理体系? …… 82
7. 环保设施管理应注意哪些内容? …… 83
8. LDAR 的管理应注意哪些内容? …… 83
3.6 施工作业管理 …… 84
1. 检修项目施工安全管理要求有哪些? …… 84
2. 停工检修准备包括哪些内容? …… 85
3. 哪些作业需要实行作业许可管理? …… 86
4. 哪些作业需要进行作业安全分析(JSA)? …… 87
5. 中国石化对现场施工有哪些具体的安全要求? …… 87
6. 中国石化对现场施工有哪些具体的环保要求? …… 88
7. 中国石化对特殊作业安全监督管理要求有哪些? …… 89
3.7 承包商管理 …… 90
1. 加强承包商管理的措施有哪些? …… 90

2. 承包商的安全资质评审内容有哪些？ …… 91
3. 企业对承包商的监管责任主要有哪些？ …… 92
4. 监理单位的 HSSE 职责有哪些？ …… 94
5. 承包商的 HSSE 职责有哪些？ …… 94
6. 招投标管理和承包合同中应包括哪些内容？ …… 95
7. 现场检查监督重点关注的内容有哪些？ …… 97
8. 承包商施工作业前需具备哪些安全基本条件？ …… 97
9. 承包商管理的相关考核要求有哪些？ …… 98
3.8 变更管理 …… 99
1. 变更管理的原则有哪些？ …… 99
2. 变更管理的流程及主要管理内容有哪些？ …… 99
3. 生产工艺变更重点关注哪些方面？ …… 101
4. 设备设施变更重点关注哪些方面？ …… 102
5. 劳动组织变更重点关注哪些方面？ …… 102
6. 重大环保变更重点关注哪些方面？ …… 102
3.9 员工健康管理 …… 103
1. 什么是职业病危害因素？分为哪几类？ …… 103
2. 健康管理的原则是什么？ …… 103
3. 什么是职业病危害告知？劳动合同如何履行告知？ …… 104
4. 健康风险识别与评估的主要关注点有哪些？ …… 104
5. 企业如何进行职业病危害因素公示？ …… 104
6. 企业如何开展健康危险因素监测与管理？ …… 105
7. 企业如何进行职业病危害因素监测？ …… 105
8. 劳动保护管理主要关注重点有哪些？ …… 106
9. 哪些场所需要设立职业病危害警示标识并设置告知卡？ …… 106
10. 工伤与疾病管理包括哪些重点内容？ …… 107
11. 如何对职业病危害因素超标的场所开展整改治理？ …… 107

12. 健康保障管理的重点内容包括哪些？ …… 108
13. 个体防护用品的管理有哪些要求？ …… 109
14. 健康促进管理包括哪些重点要求？ …… 109
3.10 公共安全管理 …… 110
1. 油气田企业的公共安全重点防范区域(部位)有哪些？ …… 110
2. 炼化企业的公共安全重点防范区域(部位)有哪些？ …… 111
3. 销售企业的公共安全重点防范区域(部位)有哪些？ …… 111
4. 工程技术服务企业的公共安全重点防范区域(部位)有哪些？ …… 112
5. 企业公共安全重点防范时段有哪些？ …… 113
6. 企业应如何开展公共安全风险评估？ …… 113
7. 企业开展公共安全人防、物防、技防的主要措施有哪些？ …… 114
3.11 污染防治与生态保护 …… 114
1. 油气田企业污染防治与生态保护重点关注哪些方面？ …… 114
2. 炼化企业污染防治与生态保护重点关注哪些方面？ …… 115
3. 销售企业污染防治与生态保护重点关注哪些方面？ …… 116
4. 石油工程、炼化工程企业污染防治与生态保护重点关注哪些方面？ …… 117
5. 油气输送管道企业污染防治与生态保护重点关注哪些方面？ …… 117
6. 科研企业污染防治与生态保护重点关注哪些方面？ …… 118
7. 环境监测与统计应如何开展？ …… 119
3.12 应急管理 …… 120
1. 如何编制应急预案？ …… 120
2. 应急预案体系由哪些内容构成？ …… 122
3. 中国石化对应急预案的编制有哪些具体要求？ …… 123
4. 什么是综合应急预案？ …… 124
5. 什么是专项应急预案？ …… 124
6. 什么是现场处置方案？ …… 124

7. 什么是应急处置卡？ …………………………………………………… 124
8. 发生何种情形时，需对应急预案或其附件进行修订？ ………………… 124
9. 国家法律对企业应急保障物资和人员队伍配备有哪些要求？ …… 125
10. 中国石化对企业应急资源保障有哪些具体要求？ ……………… 126
11. 中国石化对企业应急演练有哪些具体要求？ …………………… 127
12. 企业如何开展应急演练的效果评估？ ……………………………… 128
13. 中国石化对企业应急监测与预警有哪些具体要求？ ……………… 128
14. 中国石化对企业应急响应有哪些具体要求？ …………………… 128
15. 应急处置重点关注什么内容？ …………………………………… 129
16. 中国石化对企业应急响应恢复有哪些具体要求？ ……………… 129
3. 13 HSSE 信息管理 ………………………………………………… 130
1. 哪些信息应纳入 HSSE 信息管理？ ……………………………… 130

第四部分　聚焦基层　夯实基础

4. 1 基层 HSSE 组织建设 ……………………………………………… 132
1. 基层 HSSE 组织的基本要求？ …………………………………… 132
2. 如何建设、完善基层义务应急队伍？ …………………………… 132
3. 如何畅通基层 HSSE 信息沟通机制？ ………………………… 132
4. 如何培育基层安全文化？ ………………………………………… 133
4. 2 纪律和行为 …………………………………………………………… 133
1. 企业应如何规范工艺、操作及劳动纪律？ ……………………… 133
4. 3 现场 HSSE 管理 ……………………………………………………… 135
1. 基层单位如何落实风险分级管控与隐患排查治理预防机制？ …… 135
2. 基层单位应如何开展风险识别工作？ …………………………… 135
3. 岗位风险识别的基本流程是什么？ ……………………………… 136
4. 基层单位如何强化作业安全风险管控？ ………………………… 137
5. 基层单位如何强化过程安全风险管控？ ………………………… 137

6. 基层单位如何强化承包商管理？ …… 138
7. 基层单位如何强化应急管理？ …… 138
4.4 基层安全活动 …… 139
1. 如何开展基层岗位练兵？ …… 139
2. 企业如何对安全诊断实行闭环管理？ …… 139
3. 如何建立基层安全培训矩阵？ …… 140
4. 如何优化安全培训效果？ …… 141
5. 如何强化安全培训落实？ …… 141

第五部分　总结创新　持续改进

5.1 检查与审核 …… 143
1. 中国石化开展 HSSE 检查监督工作的主要方式有哪些？ …… 143
2. 中国石化开展 HSSE 检查监督工作的基本流程和要求有哪些？ …… 143
3. HSSE 检查的形式和方式有哪些？ …… 144
4. 中国石化对 HSSE 综合检查有哪些具体要求？ …… 144
5. 中国石化对 HSSE 专项检查有哪些具体要求？ …… 145
6. 什么是安全行为指数(SAI)？ …… 145
7. 审核分为哪几种？ …… 146
8. 中国石化对 HSSE 管理体系审核有哪些具体要求？ …… 146
9. 中国石化对 HSSE 管理体系审核人员的要求有哪些？ …… 147
5.2 事故事件管理 …… 147
1. 中国石化生产安全事故是如何进行分级的？ …… 147
2. 如何开展安全生产事故调查？ …… 149
3. 中国石化环境事件是如何分级的？ …… 150
4. 如何开展环境事件调查？ …… 151
5. 怎样理解失职追责和尽职免责？ …… 151
6. 如何做好事故(事件)整改与汲取事故教训？ …… 156

7. HSSE 事故(事件)统计指标有哪些？ …………………… 156
8. HSSE 事故(事件)统计范围是怎么界定的？ ……………… 156
5.3 绩效考核 ………………………………………………… 157
1. 企业安全绩效评价要素有哪些？ ……………………… 157
2. 如何评价企业安全绩效？ ……………………………… 158
3. 绩效评价结果如何应用？ ……………………………… 158
4. 企业环境绩效评价要素有哪些？ ……………………… 159
5. 如何评价企业环境绩效？ ……………………………… 160
6. 环境绩效评价结果如何应用？ ………………………… 160
5.4 持续改进 ………………………………………………… 161
1. 年度 HSSE 工作报告包括哪些内容？ ………………… 161

实施篇

1. 建立 HSSE 管理体系需要哪些步骤？ ………………… 165
2. 中国石化 HSSE 管理体系运行中心的职能定位是什么？ ……… 165
3. 企业二级单位是否需要单独建立 HSSE 管理体系？ ………… 165
4. 企业 HSSE 管理体系与一体化管理体系的关系？ …………… 166
5. 安全生产标准化和中国石化 HSSE 管理体系的关系？ ……… 166
6. 企业应如何开展制度承接？ …………………………… 166
7. 如何科学合理地制订 KPI 指标？ ……………………… 167
8. 事业部 HSSE 体系实施指南的作用？ ………………… 167
9. 集团公司 HSSE 管理体系审核与认证审核的关系和要求？ …… 168

第一部分 体系建设准备

1. 企业体系建设要成立哪些组织机构？ ………………… 170

2. 企业如何建立体系建设日常工作机制？ …………………… 171

第二部分　HSSE 管理初始状态评审

1. 初始状态评审对象有哪些？ ………………………………… 173
2. 评审范围怎么界定？ ………………………………………… 173
3. 评审依据主要包括哪些？ …………………………………… 173
4. 初始状态评审的目的是什么？ ……………………………… 174
5. 评审组成员怎么选取？ ……………………………………… 174
6. 评审可以采用哪些方法？ …………………………………… 174
7. 初始状态评审可以组织哪些培训？ ………………………… 175

第三部分　体系文件编制

1. 体系文件编制前应进行哪些策划？ …………………………… 177
2. 体系文件包括哪些内容？ …………………………………… 177
3. 编制管理手册应注意哪些问题？ …………………………… 177
4. 制度编制的工作步骤是什么？ ……………………………… 178
5. 制度文件与作业文件的区别与联系？ ……………………… 180
6. 如何编写操作规程？ ………………………………………… 180
7. 企业体系建设领导小组对体系文件的审查重点关注哪些方面？ … 180

第四部分　HSSE 管理体系试运行

1. 体系试运行的目的是什么？ ………………………………… 183
2. 如何开展试运行工作？ ……………………………………… 183
3. 体系运行期间如何检查和完善？ …………………………… 184
4. 体系运行效果不佳的主要原因？ …………………………… 185

第五部分　内部审核和管理评审

1. 内部审核的范围是什么？ …………………………………… 187

2. 内部审核的时机和频次？ …………………………………… 187
3. 内部审核的步骤是什么？ …………………………………… 187
4. 管理评审的目的是什么？ …………………………………… 188
5. 管理评审的步骤是什么？ …………………………………… 189
6. 管理评审的内容有哪些？ …………………………………… 190
7. 管理评审的输出有哪些？ …………………………………… 191

附　录

附录 1　中国石化 HSSE 管理体系管理规定(试行) ………………… 195
附录 2　关于印发中国石化 HSSE 管理体系的通知 ……………………… 201
附录 3　关于全面推进企业 HSSE 管理体系建设工作的通知 ………… 221

总则篇

1. 什么是HSSE管理体系？

HSSE管理体系简单来说就是识别危害、评价风险和控制风险的一个系统工程。具体来说，HSSE代表涉及的四个主要方面：健康、安全、公共安全和环境。即：H表示健康（Health），S表示安全（Safety），另一个S表示公共安全（Security），E表示环境（Environment），以求不断提高公司的管理水平和运营效果，减少各类事故发生，降低企业成本，提升企业形象，让“安全环保存在于每个人、每个时刻、每个地方”，为员工营造健康、安全、环保、舒适的工作环境。

2. 为什么要修订中国石化HSSE管理体系？

（1）新时期下，党和国家对安全环保工作的要求已经提高到了政治的高度，提高到了安全环保工作会影响人民的获得感和幸福感的高度，社会对各种事故的容忍度越来越低。但是，中国石化的HSSE现状跟党和国家、社会对央企的要求还存在很大的差距。

（2）中国石化面临的HSSE挑战越来越突出。新业务领域对HSSE工作提出了新的挑战。随着公司不断发展，中国石化开拓了煤矿、煤化工、页岩气、LNG等新业务，对这些领域HSSE管理经验少，人才也相对不足。传统业务领域安全环保风险增大对系统管理、专业管理能力提出了新挑战。上游板块井控、硫化氢防护、生态环境保护等面临的压力越来越大；劣质原油加工比例的不断提高加剧了炼化装置腐蚀；每天有超过1.2万辆危化品车辆在公共道路上行驶，长距离管道极易发生油气泄漏事故，一旦出现问题，影响重大，后果严重。改革发展、瘦身健体对HSSE工作提出了更高要求。目前企业用工形式多样化，业务外包和劳务外包范围越来越大，大量业务素质不高的农民工进入生产和施工作业环节，“走出去”力度不断加大。新时期集团面临的日益突出的风险与挑战，需要规范化、科学化、标准化和信息化手段来进行控制。

（3）国家对环保工作提出了新的要求。

十八大以来，党中央将生态文明建设纳入五位一体总体布局，将绿色发展作为五大发展战略之一持续推进，十九大后，习近平生态文明思想正式确立，生态环境保护工作进入新的历史阶段。中共中央国务院《关于全面加强生态环境保护　坚决打好污染防治攻坚战的意见》中明确提出，到2020年，生态环境质量总体改善，主要污染物排放总量大幅减少，环境风险得到有效管控，生态环境保护水平同全面建成小康社会目标相适应。

环境法治保障持续健全，环保监管执法力度不断强化。随着环境保护法、大气污染防治法、水污染防治法、土壤污染防治法、环境影响评价法、环境保护税法等相继发布实施，最高院、最高检对污染环境罪、环境民事公益诉讼等进行司法解释，环保法制化进程保持快速发展态势，环境法制保障进一步强化，新环保法中按日连续处罚、停产限产、查封扣押、移送拘留成为遏制环境违法行为的有力武器。中央和省市两级环保巡视督察格局已基本建立，中央环保督察实现全覆盖，环保监管执法真正长出了“牙齿”。

污染防治攻坚战全面打响。当前，以解决人民群众反映强烈的大气、水、土壤污染等突出问题为重点，全面加强环境污染防治，成为补齐生态文明短板的主攻方向。党中央明确提出，未来三年，围绕生态环境质量改善、主要污染物总量减排和环境风险管控三类目标，全面打响污染防治攻坚战，统筹部署三大保卫战，即坚决打赢蓝天保卫战，着力打好碧水保卫战，扎实推进净土保卫战。石化行业势必成为污染防治主战场和主力军。

公众参与度不断加强，政府、企业、社会“三元共治”体系逐步形成。随着人民群众温饱无虞、迈向小康，生态环境在群众生活幸福指数中的分量不断加重，对清新空气、清澈水质、优美环境等生态产品的需求越来越迫切。在推动公众共同参与方面，国家不断加强生态环境保护宣传教育，持续健全举报、听证、舆论和公众监督等制度，保障公众环境知情权、参与权、监督权和表达权，让每个人都成为生态环境保护的参与者、建设者、监督者。同时，国家正在积极构建人民环保监督员制度，建立人民环保监督员选拔机制，确保人员的广泛有效参与，并不断加大与自媒体、平台的结合创新程度，扩大人民环保监督员影响力。此外，我国非政府组织、非营利组织注册数量持续增加，现已成为对企业环境监督不可忽视的力量。

（4）中国石化集团 HSE 管理体系自 2001 年发布至今，面临的法律、法规、标准（GB/T 24001、GB/T 28001）发生重大修改，国内外 HSSE 管理理念存在重大变化。并且，HSE 管理体系的运行与企业的生产经营没有有效结合，缺乏科学系统的绩效考核和激励措施，对生产经营过程中的风险管控存在不足。近年来，集团公司内部直属企业间、企业内 HSSE 工作不平衡现象突出，集团公司在过程安全控制与量化管理评价指标方面缺乏有效的抓手，过程安全控制力不足。中国石化 HSE 管理体系标准已不能完全适应中国石化新时期 HSSE 理念和管理需求。部分企业仍存在建设项目“三同时”落实不到位；环保设施未纳入生产经营管理系统统一调度管理；生产运行管理未统筹考虑污染防治能力，缺少异常排污管理程序或流于形式。

为此，集团公司提出要吸取国内外先进企业优秀做法，完善中国石化现有的安全环境与健康（HSE）管理体系，构建新的 HSSE 管理体系、制度及其配套的实施工具，系统化管控风险，构建安全环保工作长效机制。

3. HSSE 管理体系的设计思路是什么？

依据国家有关法律法规和安全标准化、过程安全管理要求，考虑责任关怀、环境管理、职业健康安全管理要求，汲取国内外先进 HSSE 管理经验，结合中国石化实际，设计了中国石化 HSSE 管理体系。中国石化 HSSE 管理体系重点考虑了过程安全风险、作业安全风险和环境风险，同时将公共安全风险、交通安全风险纳入体系管控范围，将职业健康风险扩展为健康风险，并将员工身体和心理健康也纳入风险管理范畴。明确提出基于风险的策略，建立风险分级管控和隐患排查治理双重预防机制，全面识别大风险、消除大隐患、杜绝大事故。

中国石化 HSSE 管理体系以体系要求为核心，以基于板块风险的实施要点为运行指导，以体系框架下的制度和作业文件完善为支撑，以体系量化审核和 HSSE 绩效考核为促进，突出生产安全、环境、健康和公共安全的一体化管理，突显领导层与基层的两极发力，为建设中国石化 HSSE 长效机制提供有力的依据和保障。

主要包括：

（1）构建多元立体的中国石化 HSSE 管理体系，制定体系要求与各板块实施要点，并在全系统发布实施。

（2）基于体系框架，对支撑中国石化 HSSE 管理体系的制度和作业文件进行分类梳理，重构集团公司 HSSE 制度层级。

（3）集团公司每 3 年开展一轮体系审核，覆盖所有企业。

4. HSSE 管理体系由哪些内容构成？

中国石化 HSSE 管理体系由《中国石化 HSSE 管理体系（要求）》《中国石化 HSSE 管理体系实施要点》、中国石化 HSSE 管理制度和《中国石化 HSSE 管理体系管理规定（试行）》等系列文件组成。

（1）《中国石化 HSSE 管理体系（要求）》，包括 5 个部分，30 个要素，融合了“职业健康安全管理体系”“环境管理体系”“责任关怀体系”“化工过程安全管理体系”“设备完整性管理体系”“管道完整性管理体系”“安全生产标准化”等要求，符合国家安全环保法规政策要求，体现了安全发展、绿色发展和可持续发展的精神。

（2）《中国石化 HSSE 管理体系实施要点》，是依据中国石化《HSSE 管理体系（要求）》，结合各板块业务特点编制的指导文件，各企业应建立本企业的 HSSE 管理体系，编制《HSSE 管理手册》，保证体系有效运行，持续改进 HSSE 管理工作。

实施要点主要包括油气田、炼油化工、油品销售、石油工程、炼化工程、油气管道储运和科研 7 个板块。

① 油气田企业突出井控和含硫油气田开采管理。

② 炼油化工企业突出化工过程安全管理。

③ 油品销售企业突出油库加油(气)站管理和公共安全管理。

④ 油气管道储运企业突出管道完整性管理。

⑤ 炼化工程企业突出承包商管理和施工作业控制。

⑥ 石油工程企业突出井控、放射源和爆炸物品管理。

⑦ 科研院所突出实验室和中试装置管理。

为进一步指导企业编制《HSSE 管理手册》等体系文件，落实好环境保护的要求，集团公司组织编写了《HSSE 管理体系环保实施指南》，进一步明确了以下内容：

① 环保综合管理要求。包括环保组织机构和职责、环保宣传与培训、环保投资、环境信息管理等。

② 环保专业管理要求。包括环境因素识别与管控、建设项目环保管理、清洁生产、污染防治管理、生态保护管理、环境风险与应急、环境监测与统计、排污许可管理等。

③ 环保检查、考核与改进内容。

(3) 中国石化 HSSE 管理制度，在 HSSE 体系框架下对现有制度进行全面梳理，开展法律法规符合性审查，制定了完善的安全、环境保护、职业健康、公共安全管理等规章制度，形成对体系的有效支撑。

(4)《中国石化 HSSE 管理体系管理规定(试行)》，规范了中国石化 HSSE 管理体系的建立、运行、审核和持续改进工作，明确了集团公司和企业主要职能部门与体系要求各要素相对应的职责，设置了管理和考核指标，包括风险值、泄漏率、损失工时率、可记录伤害率、外排污染物达标率、HSSE 事故(事件)率等，可实现企业指标的横纵向对比，明确提升方向。

5. HSSE 管理体系要求有哪些主要变化？

集团公司分别在 2001 年和 2015 年发布实施了集团公司 HSE 管理纲领性体系文件《中国石油化工集团公司安全、环境与健康(HSE)管理体系》和《中国石油化工集团公司安全管理手册》。本 HSSE 管理体系与上述体系文件相比，重点强化了以下方面：

（1）突出了基层 HSSE 体系建设，夯实了 HSSE 管理基础。HSSE 管理工作的出发点和落脚点在基层，企业各项工作都应围绕支持基层、夯实 HSSE 基础开展。通过建立健全基层 HSSE 组织和运行机制，明确各项纪律和行为要求，确保岗位操作规范、风险管控到位、初期应急处置得当。

（2）强化了风险评估和隐患整治，拓展了风险管控范围。明确坚持基于风险的策略，建立风险分级管控和隐患排查治理双重预防机制，全面识别大风险、消除大隐患、杜绝大事故。结合中国石化实际，将风险细分为 6 类，考虑了过程安全风险、作业安全风险和环境风险，同时将公共安全风险、交通安全风险纳入体系管控范围，将职业健康风险扩展为健康风险，并将员工身体和心理健康也纳入风险管理范畴。

（3）突出了过程管控，强化了专业协同。将风险管控贯穿于业务全过程，注重过程追踪，强化协同执行。突出了专业安全、专业环保理念，按照专业分工确定体系要素责任部门和责任人，将风险管控要求融合到专业管理标准和流程中，构建风险管控与隐患治理任务追踪，质量溯源机制，确保信息反馈畅通，风险管控和隐患治理到位。

（4）提出了组织引领、全员尽责的管理新模式。确定领导引领力是体系有效实施的核心推动力，要求领导率先垂范，引领全员尽职尽责，积极履行社会责任，建设卓越的 HSSE 文化。明确了各级领导在 HSSE 管理体系实施中的具体责任，各级领导通过履行责任确保工作目标和计划分解落实到位、资源保障到位。

（5）强调了大安全理念，坚持问题导向和全过程风险管控，建立了中国石化特色的制度体系。在 HSSE 体系框架下对现有制度进行了全面梳理，制定了由生产、设备、工程、人事、外事等各专业部门牵头编制的制度在内、涵盖各主要专业领域的管理制度体系，如为加强过程安全风险控制，制定了《建设项目设计安全管理办法》《危险化学品泄漏安全管理办法》等制度。

（6）明确了 HSSE 绩效科学评价方法，不断持续改进 HSSE 管理体系。要求重视事故教训汲取和经验分享，通过 HSSE 检查、绩效评价和审核，实现闭环管理，不断总结 HSSE 管理工作，持续提升 HSSE 管理绩效。根据中国石化管理经验和做法，提出统筹开展综合检查、专项检查等多种形式的检查，科学评价绩效，综合分析 HSSE 管理体系审核结果，不断改进和创新 HSSE 管理工作思路和方法，调整完善 HSSE 管理体系。

与 2001 版 HSE 管理体系和 2015 年发布的安全管理手册相比，中国石化 HSSE 管理体系针对性更强，专业安全、专业环保管理要求更加明确，基层管理和基础工作更加突显。

6. HSSE 管理体系的运行模式是什么？

《中国石化 HSSE 管理体系管理规定(试行)》对企业体系建立、运行、审核提出了明确要求。

（1）体系审核与审计

安全监管局会同能源管理与环境保护部组织集团公司审核，集团公司审核原则上每三年覆盖所有直属企业。根据情况开展专项审核，对合资企业或负责管理的企业开展审计。

（2）体系持续改进

安全监管局、能源管理与环境保护部应根据法律法规变化、集团公司 HSSE 检查和审核结果、企业 HSSE 绩效，提出 HSSE 管理体系改进建议，经集团公司 HSSE 委员会评审批准后，对 HSSE 管理体系进行改进。

企业根据 HSSE 管理体系的修订情况、HSSE 检查、HSSE 绩效、集团公司审核和内部审核的结果等，提出 HSSE 管理体系改进建议，经企业 HSSE 委员会评审批准后，对 HSSE 管理体系进行改进。

（3）年度 HSSE 业绩评价

集团公司审核结果是企业年度 HSSE 绩效评价的重要依据。年度内未接受集团公司审核的企业，集团公司可采用企业内部审核的结果，作为对企业年度 HSSE 绩效评价的依据。对内部审核结果与实际运行状况明显不符的企业，集团公司在年度 HSSE 绩效评价时取消其评优资格。根据集团公司审核结果，集团公司对 HSSE 业绩提升明显的企业予以奖励，明显下降的进行帮扶。

7. HSSE 管理体系要求的要素设置？

HSSE 管理体系涵盖健康、生产安全、公共安全和环境保护，包括 5 个部分，共 30 个要素(见图 1)，符合国家法律法规要求，与国际石油石化行业先进实践接轨，体现风险管理和责任关怀，与企业生产经营深度融合，覆盖当前中国石化 HSSE 管理重点。

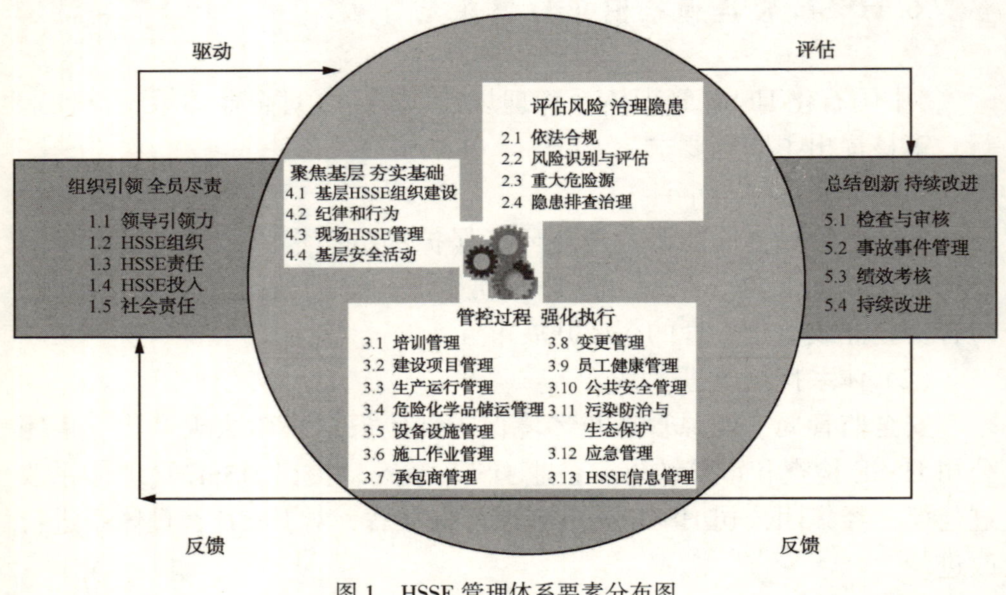

图 1 HSSE 管理体系要素分布图

8. HSSE 管理体系要求与各体系要素的异同？

HSSE 管理体系与国内外成熟体系要素对比见表 1。

表 1　HSSE 管理体系与国内外成熟体系要素对比表

HSSE 管理体系		安全生产标准化基本规范 GB/T 33000—2016	责任关怀实施准则 HG/T 4184—2011	巴斯夫责任关怀	CCPS 基于风险的过程安全
组织引领全员尽责	1.1　领导引领力	5.1　目标职责	—	领导承诺 资源	过程安全文化 过程安全能力
	1.2　HSSE 组织	5.1　目标职责	—	—	—
	1.3　HSSE 责任	5.1　目标职责	领导与承诺	责任	
	1.4　HSSE 投入	—	—	—	—
	1.5　社会责任	—	沟通 社区认知	社区沟通 沟通系统 产品安全	人员参与
评估风险治理隐患	2.1　依法合规	5.2　制度化管理	法律法规和管理制度	法规和其他要求	标准符合性
	2.2　风险识别与评估	5.5　安全风险管控与隐患排查治理	风险管理	风险评估	危险识别与风险分析
	2.3　重大危险源	5.5　安全风险管控与隐患排查治理	风险管理	风险评估	危险识别与风险分析
	2.4　隐患排查治理	5.5　安全风险管控与隐患排查治理	风险管理	风险评估	危险识别与风险分析
管控过程强化执行	3.1　培训管理	5.3　教育培训	教育和培训	培训、意识和能力	培训和表现评估
	3.2　建设项目管理	—	生产经营过程的环境保护	过程安全	—
	3.3　生产运行管理	5.2.3　操作规程	工艺和技术	过程安全	操作程序 安全操作规程 开车准备

续表

HSSE 管理体系		安全生产标准化基本规范 GB/T 33000—2016	责任关怀实施准则 HG/T 4184—2011	巴斯夫责任关怀	CCPS 基于风险的过程安全
管控过程强化执行	3.4　危险化学品储运管理	—	—	—	—
	3.5　设备设施管理	5.4.1　设备设施管理	生产设备 安全设施管理	过程安全	资产完整性和可靠性
	3.6　施工作业管理	5.4.2　作业安全	作业安全	职业安全	操作守则
	3.7　承包商管理	5.4.2　作业安全	承包商和供应商管理 物流服务供应商管理	过程安全	承包商管理
	3.8　变更管理	5.5　安全风险管控与隐患排查治理	—	—	变更管理
	3.9　员工健康管理	5.4.3　职业健康	职业卫生管理 职业病管理	职业健康	—
	3.10　公共安全管理	—	—	安保	—
	3.11　污染防治与生态保护	—	污染物处理和控制 生产经营过程的环境保护	环境保护	—
	3.12　应急管理	5.6　应急管理	应急响应	应急响应	应急管理
	3.13　HSSE 信息管理	—	—	—	—
聚焦基层夯实基础	4.1　基层 HSSE 组织建设	5.4.2　作业安全	—	—	—
	4.2　纪律和行为	5.4　现场管理	作业安全	—	操作守则
	4.3　现场 HSSE 管理	5.4.2　作业安全	操作控制	操作控制	操作守则
	4.4　基层安全活动	5.4.2　作业安全	—	—	—

续表

HSSE 管理体系		安全生产标准化基本规范 GB/T 33000—2016	责任关怀实施准则 HG/T 4184—2011	巴斯夫责任关怀	CCPS 基于风险的过程安全
总结创新持续改进	5.1 检查与审核	5.7 事故管理	应急响应	不符合、纠正和预防措施	事件调查
	5.2 事故事件管理	5.8 持续改进	—	绩效监控测量 审核 管理评审	管理评审与持续改进
	5.3 绩效考核	5.8 持续改进	—	绩效监控测量	测量和指标
	5.4 持续改进	5.8 持续改进	—	审核 管理评审	管理评审与持续改进

从上表中可以看出，中国石化 HSSE 管理体系 30 个要素可完全覆盖安全生产标准化基本规范 GB/T 33000—2016、责任关怀实施准则 HG/T 4184—2011、巴斯夫责任关怀体系和 CCPS 基于风险的过程安全体系要素，中国石化 HSSE 管理体系覆盖范围更广泛、更全面。

9. 为什么要增加“聚焦基层　夯实基础”？

（1）基层和班组是 HSSE 风险管控的关键。抓好“三基”工作是严格操作纪律、规范作业行为、消除“低老坏”的根本途径，各级管理和各项工作都要为基层、基础工作提供支持。

（2）HSSE 管理的重心在基层，重点在现场，关键在岗位。新形势下的“三基”工作必须更加积极作为，严抓基层建设，强化基础工作，抓实基本功训练，固化优秀经验，推出新载体、新方法，以 HSSE 工作为突破口，抓实“三基”工作，切实把 HSSE 责任落实到基层每个工作单元、岗位和人员，不断夯实中国石化 HSSE 工作基础。

（3）强化 HSSE 体系基层建设，有利于提升基层 HSSE 工作体系化水平，聚焦风险管控和初期应急处置；有利于促进基层 HSSE 工作与生产运行的深度融合，形成基层生产运行与 HSSE 管理一体化运行机制；有利于企业 HSSE 管理体系对基层 HSSE 管理的穿透，搭建夯实企业“三基”工作的抓手和平台。

（4）HSSE 管理体系中“聚焦基层　夯实基础”要素章节的设置既是中国石化 HSSE 管理特色的体现，又是持续改进企业 HSSE 管理、提升 HSSE 绩效的必由之路。

理解篇

第一部分

组织引领　全员尽责

1.1 领导引领力

1. 领导引领力建设的重点内容？

领导引领力建设需要领导率先垂范，遵守实施 HSSE 相关法律法规要求，主动落实安全环保责任并进行安全环保行为公示。重点突出以下几个方面：

（1）推动建立并有效运行企业 HSSE 管理体系，督促 HSSE 责任分解落实，组织完善 HSSE 管理制度和相关操作规程。

（2）组织制定 HSSE 工作目标和计划，做好 HSSE 人力、物力和财力保障。

（3）组织召开 HSSE 委员会会议、月度工作例会，研究解决 HSSE 重大问题，决策重大事项，对重大问题及重大决策事项跟踪督办，闭环管理。

（4）各级领导承包安全环保风险点，定期参加班组安全活动。主要负责人承包最大风险点，牵头治理重大隐患。

（5）建立完善基层信息传达反馈渠道，采纳合理化建议。

（6）各级领导带头参加 HSSE 检查，定期进行现场观察，通过有效的沟通手段，提高员工 HSSE 认识。

（7）各级领导在特殊作业和特殊时段做好带班。

（8）各级领导对发现隐患、HSSE 表现突出的员工公开奖励。

（9）各级领导公开承诺，公示安全环保行为，提高自身能力，接受员工监督。

2. 领导干部如何强化领导引领力？

（1）要履行安全环保职责。各级领导干部要按照“党政同责、一岗双责”“谁主管、谁负责”“管业务必须管安全环保”“谁的属地谁负责”

的原则，做到守土有责、守土尽责。要深刻认识到抓好安全环保工作是自己应尽的义务和分内的工作，认真履行好岗位安全环保职责，加强对安全环保工作的组织领导，抓实做细，做到科学管理，严格要求，严格考核。

（2）要坚持以身作则。没有领导引领力，就没有全员 HSSE 执行力。领导干部要时刻将 HSSE 工作挂在嘴上、记在心上、抓在手上、落实到行动上。通过自身良好的个人行为，让员工实实在在听到、看到、感受到领导干部对 HSSE 工作的重视程度，从而形成“干部带头引领、员工自觉关注”的浓厚 HSSE 氛围。例如制定并公示安全环保行动计划(图 2)，让全员监督领导干部行动落实等。

序号	行动	作用和目的	频次	1月	2月	3月	4月	5月	6月	7月	8月	9月	10月	11月	12月	行动要求
1	组织召开 HSSE 工作会议	总结上年的 HSSE 工作，部署年度主要 HSSE 工作，明确 HSSE 工作重点	1 次/年	√												完成相关工作总结及工作计划，结合会议要求，修订完善年度工作计划
2	组织召开 HSSE 委员会会议	定期总结分析 HSSE 工作，部署下一阶段主要 HSSE 工作，明确个人 HSSE 工作重点	4 次/年	√			√			√			√			完成相关工作总结，制定下一阶段工作方案，结合会议要求修订完善下一阶段工作计划
3	月度工作会安全工作安排与布置	进行安全工作布置与安排解决企业存在的安全问题	1 次/月	√	√	√	√	√	√	√	√	√	√	√	√	结合月度会议，开展会前安全工作安排与布置
4	开展 HSE 观察	关注团队安全行为表现，改进安全工作	1 次/月	√	√	√	√	√	√	√	√	√	√	√	√	填写“HSSE 观察卡”，提出改进建议
5	到安全联系点开展活动	加强对关键装置和要害部位的安全监督，进一步落实安全职责	4 次/年	√			√					√			√	帮助、督促解决安全联系点解决安全生产问题
6	参与风险辨识活动，跟踪检查隐患治理情况	确保风险得到全面辨识，隐患得到有效治理	2 次/年 不定期			√					√					结合各项工作辨识 HSSE 风险，全面了解隐患整改情况
7	组织应急演练	加强应急管理，提高应对突发事件的综合能力，完善预案	2 次/年			√			√							指导相关单位和部门做好培训及各项准备工作，确保应急演练不发生突发事故

图 2　领导个人安全环保行动计划示例

（3）要增强 HSSE 能力。

① 增强依法合规意识，主动学习国家 HSSE 法律法规、政策要求，强化底线思维、红线思维，提高站位，增强大局意识。

② 增强风险意识与识别能力，具备能够识别出风险、查找到隐患及协调解决的能力，强化 HSSE 工作的推动落实力，要把 HSSE 能力提升作为日常学习的重要方面，促进自身意识与能力的不断提升。

（4）要严格工作作风。领导干部要从自身做起，坚决杜绝 HSSE 工作中的形式主义作风，避免虚假汇报、违反事实编写材料、把召开

HSSE 会议或下发 HSSE 文件与贯彻落实画等号、以听汇报替代调查问题、只下基层不看效果等走形式的做法，充分调研、认真思考，把 HSSE 工作落到实处，抓出实效。

3. 领导承诺的主要内容？

安全环保承诺主要指各级领导班子成员对安全环保目标、责任、措施、行为等进行承诺。

（1）各级主要负责人应重点围绕识别管控安全环保风险、排查治理事故隐患、参加重要安全环保检查、承包最大安全环保风险、组织安全环保培训工作、从严安全环保问责等进行承诺。

（2）主要负责人可代表班子和本人进行承诺。各级其他班子成员应按照“谁主管、谁负责”的原则，重点围绕安全环保引领力、专业安全环保责任落实、创造良好安全生产环境、关爱职工职业健康等进行承诺。

（3）各单位要结合实际制定具体承诺内容。

4. 领导干部安全环保行为公示的内容？

公示内容主要包括：

（1）企业主要负责人的安全环保承诺。

（2）企业各级主要负责人及班子成员承包重大安全环保风险情况。

（3）开展安全观察情况。

（4）带队进行安全环保检查情况。

（5）参加应急演练情况等。

5. 企业应如何制定年度 HSSE 工作目标？

企业应结合风险评估、上年度 HSSE 目标完成情况、集团公司和政府安全环保部门要求等内容，制定年度 HSSE 工作目标，根据单位实际对目标进行分解落实，并对目标完成情况进行过程跟踪和奖惩考核。主要参考方面包括：

（1）集团公司年度 HSSE 工作会议要求。

（2）集团公司与企业、事业部与企业签订的绩效责任书相关 HSSE 指标。

（3）地方政府的各项要求。

（4）企业风险值变化。

（5）上年度企业 HSSE 业绩情况及重大风险管控情况等。

6. 安全观察的重点包括哪些？

安全观察的重点是各重大安全风险点、现场直接作业、生产经营的薄弱环节。主要对象包括：

（1）全体员工和承包商(含承运商、供应商)人员的安全行为等。

（2）主要区域包括生产、施工、仓储、装卸、交通、办公和生活服务等。

（3）主要作业活动包括生产装置(设备、设施)的日常操作、现场施工或检维修等直接作业环节。

（4）临时采样、清焦除渣、污水井清淤疏通等非常规作业。

1.2 HSSE 组织

1. 企业应设立哪些 HSSE 组织？

（1）企业应设立 HSSE 委员会，委员会主任由企业主要负责人担任，成员应包括领导班子成员与各部门负责人。HSSE 委员会办公室主任由安全总监担任，办公室设在 HSSE 监督管理部门。

（2）HSSE 委员会应根据本单位实际下设专业分委员会。

（3）企业应配备安全总监。

（4）企业应配备专职环保处长，根据需要配备环保总监或环保专家。

（5）企业负有专业安全环保管理职责的部门应设立兼职的安全环保管理岗位，如设备管理部门、工程管理部门等专业管理部门均负有专业安全环保管理职责，应设立专职或兼职安全环保管理人员。

（6）基层单位应设置 HSSE 领导小组，基层 HSSE 领导小组应由基层领导、各专业人员以及班组长组成，基层主要负责人和班组长直接负责 HSSE 工作，基层专业技术人员承担专业安全环保管理职责。

2. 企业环境监测工作应由谁承担？

（1）企业环保管理部门应制定环境监测计划，对环境监测工作进行监督、指导。

（2）企业设置的环境监测机构应负责环境监测计划的落实，确保监测数据的准确性、可靠性和代表性。

（3）未设置环境监测机构的企业，应委托有资质的第三方机构开展环境监测。

（4）企业应配备满足环境应急监测所需的人员和设备，如无法配备，可委托有资质的第三方机构开展。

1.3 HSSE 责任

1. 企业 HSSE 组织承担的主要 HSSE 责任？

（1）HSSE 委员会

每季度召开 1 次 HSSE 委员会会议，听取 HSSE 委员会办公室、专业分委员会及有关部门的工作汇报，研究、决策重要 HSSE 事项和生产经营过程中重大安全环保风险隐患治理项目。

（2）专业分委员会

① 每月开展 1 次专业 HSSE 检查，督促、协调专业范围内的风险隐患治理事项。

② 每季度召开 1 次分委员会会议，总结研究部署专业 HSSE 管理工作。

③ 负责专业范围内没有造成人身伤害的 HSSE 事故(事件)调查与处理。

（3）HSSE 监督管理部门 HSSE 主体责任

企业 HSSE 监督管理部门负责本单位 HSSE 工作的综合监督管理，应包括编制 HSSE 生产规划、计划，制(修)订综合 HSSE 管理制度，HSSE 综合检查，人身伤害事故、一般突发环境事件的调查处理，应急管理与事故救援，事故事件统计分析，宣传教育培训，HSSE 管理绩效考核等综合性工作。具体责任企业须根据生产经营实际进行分配。

（4）专业管理部门 HSSE 主体责任

企业专业管理部门，按照“谁的业务谁负责”原则，对所管业务负有专业安全环保管理职责，应包括将公司安全环保相关要求纳入本专业的业务过程，考虑专业安全环保管理要求，制(修)订专业管理制度等文件，开展专业风险识别评价和隐患排查治理，参与专业相关的事故调查处理，承担应急预案所规定的职责等专业安全环保工作。具体责任企业须根据生产经营实际进行分配。

（5）属地 HSSE 主体责任

企业所属单位，应按照“谁的属地谁负责”原则，切实履行属地单位 HSSE 主体责任。

① 对属地区域范围内生产经营活动的 HSSE 工作全面负责。

② 对区域范围内的职业病危害因素防护负责。

③ 对作业规程、施工方案和管理制度的执行负责。

④ 对员工的操作技能及安全环保素质的提升负责。

1.4 HSSE 投入

1. HSSE 投入的定义？

HSSE 投入是指企业在设计、建设、生产运营、关停并转全生命周期过程中，为保护人身不受伤害或健康损害、财产和环境不受破坏，减少和避免事故发生，实现安全环保风险有效管控和隐患及时治理，用于保障和改善企业全周期各阶段 HSSE 条件的资金需求。

2. HSSE 投入的重点方向？

（1）企业 HSSE“三同时”配套。

（2）企业日常风险评价出来的不可接受风险和重大隐患。

（3）企业上一周期投入后风险评价得到的不可接受风险。

（4）国家监管机构的安全、环保专项检查、督察等要求整改的内容。

（5）集团公司年度 HSSE 大检查、安全环保巡查、HSSE 绩效评价以及重点项目安全环保督查的问题。

（6）企业每年 HSSE 管理体系量化审核、HSSE 审计输出的问题。

3. HSSE 投入的使用范围？

（1）建设、完善、改造和维护安全、环保、职业病防护设施设备支出。

（2）配备、维护、保养应急救援器材、设备支出和应急演练支出。

（3）开展重大危险源和事故隐患评估、监控和整改支出。

（4）HSSE 检查、评价、咨询和安全生产标准化建设支出。

（5）配备和更新现场作业人员安全、职业病防护用品支出。

(6) HSSE 宣传、教育、培训支出。

(7) 安全、清洁生产适用的新技术、新标准、新工艺、新装备和新材料的研究、推广应用支出。

(8) 安全环保设施及特种设备检测检验支出。

(9) 配备、维护、保养公共安全设施设备支出。

(10) 安全、环保生产责任险保险费支出。

(11) 其他安全环保生产投入支出。

1.5 社会责任

1. 什么是责任关怀?

(1) "责任关怀"(Responsible Care)是全球化学工业自愿发起的关于安全、健康与环境(HES)等方面不断改善绩效的行为，是化工行业专有的自愿性行动。

(2) 责任关怀旨在改善各化工企业生产经营活动中的健康安全及环境表现，提高当地社区对化工行业的认识和参与水平。

2. 企业应承担的社会责任有哪些?

(1) 企业应将安全发展、绿色低碳作为履行社会责任的首要任务，坚持对标国际一流企业，学习借鉴先进的管理理念和方法，努力创造一流 HSSE 业绩，为建设高度负责任、高度受尊敬的一流能源化工公司保驾护航。

(2) 企业应按照安全环保事件(事故)信息处置相关规定进行信息报告，包括现役生产装置(设施)因安全、环保问题被政府责令停工停产(限产)；建设项目安评、环评、职业卫生评价限批、限期治理、挂牌督办、通报、约谈等情况；以及因环保问题被省级以上媒体曝光并造成不良社会影响等事件。

(3) 企业应建立信息公开办法，按照法律法规要求及时、准确公开企业环境信息。重点排污单位应当如实向社会公开其主要污染物的名称、排放方式、排放浓度和总量、超标排放情况，以及防治污染设施的建设和运行情况，接受社会监督。

(4) 建立与公众有效沟通的渠道，通过公众开放、组织参观、新闻发言人对外宣布(官方宣布)、公益广告等多种形式有针对性地进行正面引导，广泛凝聚正能量，提高舆论引导力。

(5) 企业应充分发挥应急救援专业优势，积极协助地方的应急抢险和救援工作。

3. 企业如何开展内部沟通交流?

企业内部需开展的 HSSE 沟通和交流内容主要包括：

(1) 国家、地方政府和上级有关 HSSE 的方针、政策、法律、法规、标准、制度和指令等。

(2) 国内外的 HSSE 管理信息。

(3) 企业内部的标准、制度、HSSE 方针目标、工作计划、规定、指令等。

(4) 企业有关 HSSE 的基础数据。

(5) 相关方有关 HSSE 要求。

(6) HSSE 管理体系的运行信息。

(7) 企业有关 HSSE 管理的情况反映。

内部沟通与交流可以采取以下方式进行：

(1) HSSE 委员会会议、HSSE 月度例会、职工代表大会。

(2) OA 系统、电话、内部邮件、内部刊物、网络、宣传栏、板报等。

(3) 基层可通过 HSSE 活动、班组会等方式。

(4) 定期收集合理化建议。

4. 企业如何开展外部沟通？

企业外部 HSSE 信息沟通与交流可以采取以下方式进行：

（1）行政公文。

（2）报纸、杂志。

（3）电视、广播、电话、传真、网络、微信、论坛。

（4）出访、考察、调研、技术交流、参会、协商、投诉、告知等。

第二部分

评估风险　治理隐患

2.1 依法合规

1. 我国安全生产法律法规体系是如何构成的?

经过多年的努力，我国基本建立了一整套以《安全生产法》为核心，11 部有关专项法律、3 部司法解释、20 余部国家行政法规、30 余部地方性法规、100 余部部门规章、近 400 部 AQ 标准(安全行业标准)为支撑的法规标准制度体系。

(1) 法律

法律由全国人大及其常委会制定，居于整个体系的最高层级。现行有关安全生产的法律有《安全生产法》《消防法》等。

(2) 法规

法规分为由国务院制定的行政法规，省、自治区、直辖市人大及其常委会制定的地方性法规。如《安全生产许可证条例》《生产安全事故报告和调查处理条例》等行政法规，《北京市安全生产条例》等地方性法规。

(3) 规章

安全生产行政规章分为部门规章和地方政府规章。规章由国务院各部委等和具有行政管理职能的直属机构，省、自治区、直辖市和较大的市的人民政府制定。如《安全生产违法行为行政处罚办法》等。

(4) 法定安全生产标准

目前，诸多法律文件纳入了安全生产标准，安全生产标准法律化是我国安全生产立法的重要趋势。

① 国家标准。安全生产国家标准是指国家标准化行政主管部门依照《标准化法》制定的在全国范围内适用的安全生产技术规范，大致分为设计规范类；安全生产设备、工具类；生产工艺安全卫生；防护用品类四类标准，如《危险化学品重大危险源辨识》(GB 18218)等。

② 行业标准。安全生产行业标准是指国务院有关部门和直属机构依照《标准化法》制定的在安全生产领域内适用的安全生产技术规范。行业安全生产标准对同一安全生产事项的技术要求，可以高于国家安

全生产标准但不得与其相抵触，如《安全评价通则》(AQ 8001)等。

2. 我国环境保护法律法规体系是如何构成的？

截至2018年12月，我国制定的环境和资源保护方面的法律16部，颁布了相关环境保护行政法规和部门规章和规范性文件47项。涉及环境保护基本法、污染防治与管理、资源与生态保护、建设项目与环境影响评价、循环经济与清洁生产、环境风险控制与事件应急、环境监测与污染源管理、环境信息管理等方面。

(1)《中华人民共和国环境保护法》是环境保护的基本法，对环境保护工作提出了总体要求。

(2) 在环境污染防治方面，有《中华人民共和国水污染防治法》《中华人民共和国大气污染防治法》《中华人民共和国土壤污染防治法》《中华人民共和国噪声污染防治法》《中华人民共和国固体废物污染环境防治法》《中华人民共和国放射性污染防治法》等。

(3) 建设项目管理方面，有《环境影响评价法》《建设项目环境保护管理条例》等，对建设项目的管理提出了具体要求。

(4)《清洁生产促进法》《清洁生产审核暂行办法》《循环经济促进法》等，鼓励企业开展清洁生产和循环经济。

(5)《环境事件应急管理法》《突发环境事件信息报告办法》《突发环境事件应急管理办法》等，提出将加强重点领域环境风险防控作为重点任务，推进环境风险全过程管理。

(6) 环境监测方面制定了《环境监测管理办法》《污染源自动监测管理办法》《环境监测人员持证上岗考核制度》等法律法规，以规范环境监测工作。

3. 企业应如何开展合规性评价？

企业应根据自身风险特点，明确适用的法规和标准，对与其生产经营相关的法规进行合规性评价，评判企业当前的合规状态，确定其是否违反当前法规和标准的情况。企业应重视最新的 HSSE 法规的收集与合规性评价，安全环保生产条件应满足最新的法规要求。

必须遵守的法律法规要求包括：

（1）政府或其他相关权力机构的要求。

（2）国际、国家和地方的法律法规。

（3）许可、执照或其他形式授权中规定的要求。

（4）监管机构颁布的法令、条例或指南。

（5）法院或行政的裁决。

必须或选择遵守的其他要求主要包括：

（1）与社会团体或非政府组织达成的协议。

（2）与公共机构或客户达成的协议。

（3）企业的要求。

（4）与企业签订的合同所约定的义务。

（5）国家、行业标准或企业标准。

2.2 风险识别与评估

1. HSSE 管理体系对开展风险评估的基本要求是什么？

（1）企业风险识别与评估贯穿全生命周期，各阶段风险有不同侧重，各阶段的风险评估方法应根据风险特点进行选择，风险评估完成后，应落实控制措施，确保风险受控。

① 企业应按照专业全面系统识别和评价业务范围内的各类风险，鉴于设备、变更、管理等风险评估普遍较弱，企业应重点给予关注。

② 企业应按照中国石化安全、环境风险矩阵确定风险等级和风险值，确保风险评估结果的可比性。

（2）企业应组织生产、技术、设备、工程、物资采购等职能部门，开展分管业务范围内的安全环保风险识别。

① 基层单位（车间、站队、库站等）应按照属地化管理对设备、设

施和作业活动开展安全环保风险识别。

② 各单位应分专业、分级建立风险清单，按企业、部门的(职责或地理位置)绘制风险分布图，明确业务范围内的风险，考虑风险的空间分布(累积与叠加)。

③ 企业、基层单位应对重大风险进行公示，管理技术人员、员工应熟知业务范围内的重大风险。

④ 企业各专业部门应组织业务范围内的风险评估，运用合适的风险评估技术和方法，审核风险评估结果的准确性，发生重大变更或变化后应及时更新，实行风险动态管理。

2. 过程安全风险范畴与主要评估方法有哪些？

(1) 过程安全风险，狭义上被称为工艺安全风险，是危险化学品内外部泄漏引发的火灾、爆炸、(急性)中毒、窒息等风险，相对职业安全风险后果更严重、损失更大。

(2) 当事故既符合过程安全事故的定义，同时又存在人员伤亡时，传统意义上也将其划归职业安全事故范畴，此种情况下，事故既是过程安全事故，也是职业安全事故。

(3) 企业应对危险化学品泄漏引发的过程安全风险进行评估，采取控制措施，使过程安全风险受控。

(4) 过程安全风险分析包括定量的、半定量的或基于风险的定性评价。具体包括：

① 危险与可操作性研究(HAZOP)。

② 故障假设分析(what-if)。

③ 预先危险分析(PHA)。

④ 事故树分析(FTA)。

⑤ 安全完整性等级(SIL)/保护层分析(LOPA)。

⑥ 故障模型和影响分析(FMEA)。

⑦ 定量风险评价(QRA)等。

企业所选用的过程安全风险分析工具与危害的特点相适应，如对于依照安全法规、规范和指南设计安全防护的系统设备（如压力容器、加热炉和锅炉等），使用 what-if 检查表可以满足过程危害分析的要求。较为复杂或工艺反应复杂的情形需要做 HAZOP 分析，硬件设施较为复杂的系统可以考虑使用 FMEA 技术。

3. 环境风险范畴与主要评估方法有哪些？

（1）环境风险，即突发环境事件风险，指企业发生突发环境事件的可能性及可能造成的危害程度。

（2）突发环境事件，指由于污染物排放或者自然灾害、生产安全事故等因素，导致污染物或者放射性物质等有毒有害物质进入大气、水体、土壤等环境介质，突然造成或者可能造成环境质量下降，危及公众身体健康和财产安全，或者造成生态环境破坏，或者造成重大社会影响，需要采取紧急措施予以应对的事件。

（3）从国家层面，环境风险评估主要为企业运行过程中突发环境事件风险评估。

（4）企业运行过程中开展突发环境事件风险评估，目的是划分企业突发环境事件风险等级，确定环境风险防范和环境安全隐患排查治理措施，为制定突发环境事件应急预案做准备。主要包括资料准备与环境风险识别、可能发生突发环境事件及其后果分析、现有环境风险防控和环境应急管理差距分析、制定完善环境风险防控和应急措施的实施计划、划定突发环境事件风险等级五个步骤。其中，企业突发环境事件风险分级流程如图 3 所示。

（5）有下列情形之一的，企业应当及时划定或重新划定本企业环境风险等级，编制或修订本企业的环境风险评估报告：

① 未划定环境风险等级或划定环境风险等级已满三年的；

② 涉及环境风险物质的种类或数量、生产工艺过程与环境风险防范措施或周边可能受影响的环境风险受体发生变化，导致企业环境风险等级变化的；

③ 发生突发环境事件并造成环境污染的；

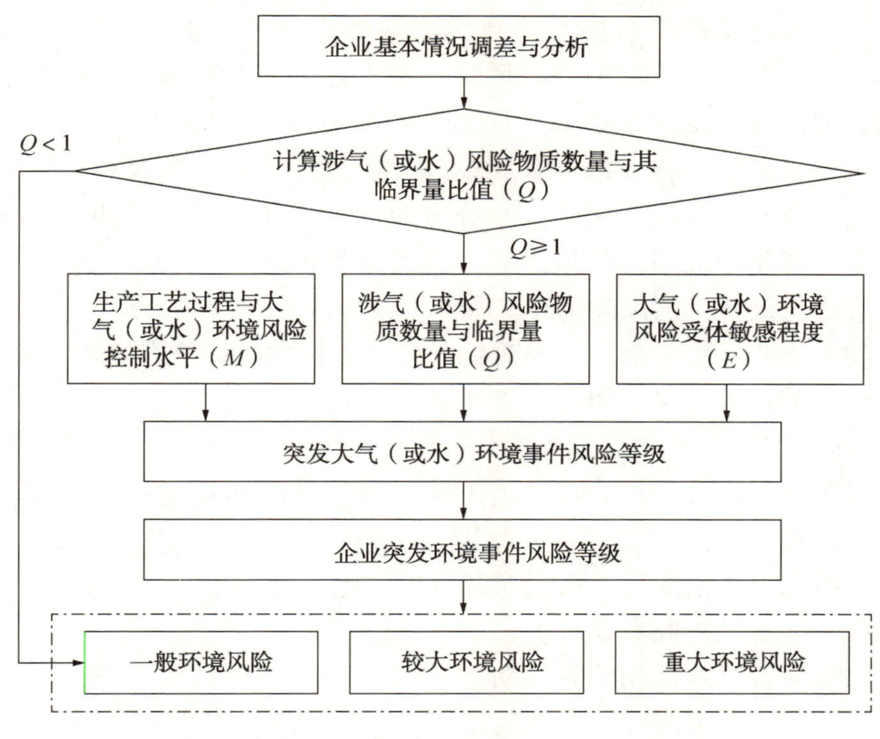

图 3　企业突发环境事件风险分级流程示意图

④ 相关企业环境风险评估标准或规范性文件发生变化的。

4. 中国石化对企业风险识别有哪些具体要求？

风险识别是对可能造成人员伤害、财产损失、生态环境污染和社会声誉影响事故事件的识别(包括原因、后果和现有安全环保措施)，识别范围应当涵盖总图布置、工艺流程、设备设施(含工程施工和检维修用设备设施)、物流运输、应急泄放系统、工艺操作、工程施工和检维修作业、特殊作业、有人值守建筑物、自然灾害和外部影响等全业务、全流程中存在的风险。

企业每年至少开展一次全面风险识别。具体要求如下：

(1) 基层岗位应当在基层单位管理人员的指导下对本岗位的作业

活动和涉及的设备、设施等开展风险识别，建立岗位危险事件清单。

（2）基层单位应当按照属地化原则对管理的对象和业务逐区域、逐装置、逐专业、逐岗位进行风险识别，做到所有危险源、作业活动和相关的设备、设施全覆盖，形成基层单位风险清单。

（3）二级单位负责指导基层单位开展风险识别，二级单位的管理部门应当对基层单位上报的风险分专业进行审核，并组织相关管理人员开展分管业务范围内的风险识别，安全环保部门负责汇总、组织审核，形成二级单位的风险清单。

（4）企业各管理部门应当对二级单位上报的风险分专业进行审核，并组织相关技术专家开展分管业务范围内的风险识别，初步形成各部门的风险清单。

（5）应当结合工程建设的施工阶段和检维修作业运用 JSA 方法进行风险识别。

当出现以下情况时，应当及时开展风险识别：

（1）装置长时间在设计上、下限运行。

（2）装置延长计划检修周期。

（3）发生火灾爆炸或毒性气体严重泄漏事故、发生突发环境事件。

（4）油气圈闭（区块）第一口探井进行钻完井作业。

（5）安全环保相关法规与标准规范出现重大变化时。

（6）重大危险源发生重大变化。

（7）企业环境敏感目标、污染物质、管理措施发生变化。

（8）重大永久性变更。

（9）使用新技术、新工艺、新设备、新产品等变更。

5. 中国石化对企业风险评价有哪些具体要求？

风险评价是指对识别出的风险采用相应的评价方法和工具进行定性、定量评估，准确描述风险，确定风险等级，制定管控措施。风险评价以及根据评价结果采取不同控制措施是风险分级管控的核心。各级风险应当按照工程技术措施、管理措施、个体防护、应急响应的顺序确定风险管控措施。工程技术措施应当包括技术方案、实施计划、责任部门和责任人。

具体要求如下：

（1）综合要求：

① 企业各级单位应当成立风险评价小组，实行组长负责制，组织对已识别出的风险开展风险评价，确定风险等级，制定相应的风险管控措施。

② 基层单位应当对识别出的风险进行定性评价，鼓励有能力的进行定量分析。

③ 二级单位和企业各部门应当采用中国石化安全风险矩阵、环境风险评价指南等，对识别出的风险进行评价，确定每个风险的等级和风险值，完善风险清单。

④ 企业各部门应对二级单位上报的风险评价结果和管控措施分专业审核，对不具备能力的二级单位，应由企业各部门直接组织评价。

⑤ 企业安全环保部门应当组织生产、工艺、设备、工程等相关专业管理人员对各部门的风险评价结果进行审核，形成企业风险清单，并分解到相关部门。

（2）安全风险评价要求

① 企业风险清单中的风险值累加形成企业风险总值。企业风险清单和企业重大风险应报企业 HSSE 委员会审批。

② 满足以下条件之一的风险，应对后果的发生频率进行量化评估：

a. 后果严重性等级为 D 级及以上。

b. 可能性等级≥7 级（即发生频率>10^{-1}次/年）。

c. 涉及一个或多个安全仪表功能（SIF）。

d. 风险值≥20。

③ 频率量化评估方法可采用保护层频率量化方法（HALOAP）、故障树分析或其他频率量化方法等。

④ 企业的风险清单应包含：重大风险（红色区）、较大风险（橙色区）、后果等级为 F、G 的风险、按照 ALARP 原则（最低合理可行）确

定为需进一步降低的一般风险。

⑤ 企业的重大风险(原来的“十大”风险)包括：

a. 风险值≥40 的重大风险。

b. 后果严重性为 E、F、G 的较大风险。

c. 企业重点关注后果严重性为 F、G 的一般风险(企业重点关注的其他安全风险)。

d. 风险值≥40 且后果严重性等级为 E、F、G 的风险可推荐为集团公司重大风险。

⑥ 企业重大安全风险应进一步开展以下评估工作：

a. 涉及危险化学品泄漏、火灾爆炸，且后果严重性等级为 E、F、G 的风险，应开展后果影响分析(CEA)，对安全影响进行量化评估。评估可采用工程化模型方法或计算流体动力学方法(CFD)。

b. 对于每个风险，应采用风险管控行动模型(Bow-tie)进行分析，识别优化风险控制措施。

c. 形成企业重大安全风险专项评估报告。

d. 集团公司安全监管局会同事业部对企业推荐的重大风险进行审核，集团公司重点关注的后果严重性为 F、G 的风险，形成集团公司重大风险清单，报集团公司 HSSE 委员会审批。

e. 集团公司重大风险用定量风险评价(QRA)等风险评价工具进一步定量分析评价，优化风险管控措施。

f. 有作业许可要求的高风险作业在作业前应当开展 JSA 分析，根据风险评估结果列入风险清单，可不赋风险值。

(3) 环境风险评价要求

① 企业应按照《中国石化突发环境事件风险评估指南》，划定企业内部环境风险源级别，从低到高分为三级环境风险源、二级环境风险源、一级环境风险源。

② 企业内部环境风险源识别范围包括：

a. 陆地石油天然气开发过程涉及环境风险物质的油(气)井场、计量站、接转站、联合站、集气站、净化厂、油气集输管道、油库、码头等；

b. 海洋(含滩海陆岸)开发过程涉及环境风险物质的平台、计量站、管道、码头等;

c. 炼油、化工企业生产运营过程中涉及环境风险物质的生产装置、油库、罐区、码头、厂际管道等;

d. 销售企业运营过程中涉及环境风险物质的油库、站场、LNG 工厂、加油(气)站、输油管道、码头等;

e. 管道储运企业运营过程中涉及环境风险物质的油库、站场、输油管道(含海底管道)、码头等。

上述各类设施按照陆上油气田井场、海(水)上油气田系统、油气田站场、装置及储运设施、加油加气站、陆域管道、海底管道和码头八类环境风险源分别进行评估。

③ 企业应建立环境风险源台账,内容包括风险源描述、风险源级别、防控措施等。

④ 有下列情形之一的,企业应当及时划定或重新划定环境风险源等级:

a. 环境风险源未划定等级或环境风险源等级划定已满三年的;

b. 涉及环境风险物质的种类或数量、生产工艺过程与环境风险防范措施或周边可能受影响的环境风险受体发生变化,导致环境风险源等级变化的;

c. 重要突发环境事件隐患整改完成的;

d. 发生突发环境事件并造成环境污染的;

e. 环境风险评估标准或规范性文件发生变化的。

6. 中国石化对企业安全风险降级或销项有哪些具体要求?

(1) 风险达到降级或销项条件时,应当办理审批手续,及时降级或销项。

(2) 工程施工和作业活动类风险的销项应当在施工和作业活动完

成后。

（3）风险降级或销项后应当持续保持管控措施的有效运行。

（4）企业重大风险和集团公司重大风险降级或销项时应当进行专项评估，形成评估报告，报告应当包括：

① 风险基本情况。

② 风险管控措施落实情况。

③ 剩余风险和评估结论等。

（5）集团公司重大安全风险的降级或销项应当由安全监管局组织审批。

7. 中国石化对企业环保风险降级或销项有哪些具体要求？

（1）针对环境风险源制定管控方案，至少包括风险源情况、责任落实情况、工程措施、管理措施、应急资源等内容。

（2）应排查突发环境事件隐患，通过开展隐患治理等实现一级环境风险源的有效管控与降级。

（3）定期评估、划定环境风险源等级，按要求将一级环境风险源降级情况报相关事业部（管理部、专业公司），经确认后予以降级。

（4）集团公司级一级环境风险源管控情况按要求定期向能源管理与环境保护部汇报，降级或销项应当由能源管理与环境保护部予以确认。

2.3 重大危险源

1. 我国重点监管的危险化学工艺有哪些？

（1）首批重点监管的危险化工工艺目录：

——光气及光气化工艺。

——电解工艺(氯碱)。

——氯化工艺。

——硝化工艺。

——合成氨工艺。

——裂解(裂化)工艺。

——氟化工艺。

——加氢工艺。

——重氮化工艺。

——氧化工艺。

——过氧化工艺。

——胺基化工艺。

——磺化工艺。

——聚合工艺。

——烷基化工艺。

(2) 第二批重点监管的危险化工工艺目录

——新型煤化工工艺：煤制油、煤制烯烃、煤制二甲醚、煤制乙二醇、煤制甲烷气、煤制甲醇、甲醇制醋酸等工艺。

——电石生产工艺。

——偶氮化工艺。

2. 国家对重大危险源的具体要求有哪些？

国家对重大危险源的管理要求分布在多个文件中，尤其是《危险化学品重大危险源监督管理暂行规定》(国家安全生产监督管理总局令第40号)2011年发布后，又有多个文件从不同方面提出了重大危险源管理要求，主要法规及要求包括：

(1)《安全生产法》第三十七条：生产经营单位对重大危险源应当登记建档，进行定期检测、评估、监控，并制定应急预案，告知从业人员和相关人员在紧急情况下应当采取的应急措施。生产经营单位应当按照国家有关规定将本单位重大危险源及有关安全措施、应急措施报有关地方人民政府安全生产监督管理部门和有关部门备案。

(2)《危险化学品安全管理条例》第十九条：危险化学品生产装置或者储存数量构成重大危险源的危险化学品储存设施(运输工具加油站、加气站除外)，与下列场所、设施、区域的距离应当符合国家有关规定。

① 居住区以及商业中心、公园等人员密集场所。

② 学校、医院、影剧院、体育场(馆)等公共设施。

③ 饮用水源、水厂以及水源保护区。

④ 车站、码头(依法经许可从事危险化学品装卸作业的除外)、机场以及通信干线、通信枢纽、铁路线路、道路交通干线、水路交通干线、地铁风亭以及地铁站出入口。

⑤ 基本农田保护区、基本草原、畜禽遗传资源保护区、畜禽规模化养殖场(养殖小区)、渔业水域以及种子、种畜禽、水产苗种生产基地。

⑥ 河流、湖泊、风景名胜区、自然保护区。

⑦ 军事禁区、军事管理区。

⑧ 法律、行政法规规定的其他场所、设施、区域。

(3)《危险化学品重大危险源辨识》(GB 18218)：规定了辨识危险化学品重大危险源的依据和方法。

(4)《危险化学品重大危险源监督管理暂行规定》(国家安全生产监督管理总局令第 40 号)目标：加强危险化学品重大危险源的安全监督管理，防止和减少危险化学品事故的发生，保障人民群众生命财产安全[第一章 总则(6 条)、第二章 辨识与评估(5 条)、第三章 安全管理(13 条)]。

(5) 国家安全监管总局关于《加强化工安全仪表系统管理的指导意见》(安监总管三〔2014〕116 号)——对重大危险源 SIS 系统的要求。

(6) 国家安全监管总局《关于进一步加强危险化学品建设项目安全设计管理的通知》(安监总管三〔2013〕76 号)——对涉及“两重点一重大”和首次工业化设计的建设项目，必须在基础设计阶段开展 HAZOP 分析。

（7）国家安全监管总局关于《加强化工过程安全管理的指导意见》（安监总管三〔2013〕88号）——对涉及“两重点一重大”的生产储存装置要采用危险与可操作性分析（HAZOP）技术，一般每3年进行一次。

3. 涉及重大危险源的危险化学品企业的管理要求有哪些？

（1）危险化学品单位是本单位重大危险源安全管理的责任主体，其主要负责人对本单位的重大危险源安全管理工作负责，并保证重大危险源安全生产所必须的安全投入。

（2）超过个人和社会可容许的风险限值标准的，危险化学品单位应当采取相应的降低风险措施。

（3）危险化学品单位应当将重大危险源可能发生的事故后果和应急措施等信息，以适当的方式告知可能受影响的单位、区域及人员。

（4）对存在吸入性有毒、有害气体的重大危险源，危险化学品单位应当配备便携式浓度检测设备、空气呼吸器、化学防护服、堵漏器材等应急器材和设备；涉及剧毒气体的重大危险源，还应当配备两套以上（含本数）气密型化学防护服；涉及易燃易爆气体或者易燃液体蒸汽的重大危险源，还应当配备一定数量的便携式可燃气体检测设备。

（5）危险化学品单位应当依法制定重大危险源事故应急预案，建立应急救援组织或者配备应急救援人员，配备必要的防护装备及应急救援器材、设备、物资，并保障其完好和方便使用；配合地方人民政府安全生产监督管理部门制定所在地区涉及本单位的危险化学品事故应急预案。

（6）危险化学品单位应当制定重大危险源事故应急预案演练计划，并按照下列要求进行事故应急预案演练：

① 对重大危险源专项应急预案，每年至少进行一次。

② 对重大危险源现场处置方案，每半年至少进行一次。

（7）应急预案演练结束后，危险化学品单位应当对应急预案演练效果进行评估，撰写应急预案演练评估报告，分析存在的问题，对应急预案提出修订意见，并及时修订完善。

（8）危险化学品单位应当对辨识确认的重大危险源及时、逐项进行登记建档。

（9）危险化学品单位新建、改建和扩建危险化学品建设项目，应当在建设项目竣工验收前完成重大危险源的辨识、安全评估和分级、登记建档工作，并向所在地县级人民政府安全生产监督管理部门备案。

4. 企业如何建立自身动态风险清单？

（1）基层岗位应当在基层单位管理人员的指导下对本岗位的作业活动和涉及的设备、设施等开展风险识别，建立岗位危险事件清单。

（2）基层单位应当按照属地化原则对管理的对象和业务逐区域、逐装置、逐专业、逐岗位进行风险识别，做到所有危险源、作业活动和相关的设备、设施全覆盖，形成基层单位风险清单。

（3）二级单位负责指导基层单位开展风险识别，二级单位的管理部门应当对基层单位上报的风险分专业进行审核，并组织相关管理人员开展分管业务范围内的风险识别，安全部门负责汇总、组织审核，形成二级单位的风险清单。

（4）企业各管理部门应当对二级单位上报的风险分专业进行审核，并组织相关技术专家开展分管业务范围内的风险识别，初步形成各部门的风险清单。

2.4 隐患排查治理

1. 隐患的特征是什么？

（1）安全隐患是风险防护措施设置不足、存在缺陷或削弱，包括防止风险失控的硬措施（设备、设施、电仪、DCS、联锁、泄放等）和管理措施(操作行为、作业行为、纪律、培训、应急响应、管理等)软措施，即物的不安全状态、人的不安全行为和管理缺陷。

环保隐患是指企业不符合环境保护的法律、法规、标准、规范及管理制度等规定，或者因其他因素，可能直接或间接导致环境事件发生的装置或设施的状态。

(2) 隐患增加了风险失控的概率(可能性)，对风险值有增大作用(当风险失控的后果未变)。

(3) 企业建立的隐患排查制度应包括物、人、管理三个方面，从风险管控措施是否充分、是否完好、是否有效等方面进行排查。

(4) 各专业应根据专业不同，分别建立隐患排查标准，按照国家或企业隐患分级标准进行分级，重点解决20类重大隐患，隐患应建立档案和销项机制。

(5) 隐患在未进行有效整改前，应增加相应的措施，降低风险值，防止风险失控。

2. 安全隐患是如何分级的?

按危害大小、治理难易程度和紧迫性将隐患分为一般、较大和重大隐患。

(1) 一般隐患是指危害和整改难度较小，发现后能够立即整改消除的隐患。

(2) 较大隐患指危害较大，整改有一定难度，不能即查即改，但又急需整治的隐患。

(3) 重大隐患是指符合国家、集团公司规定的重大隐患判定标准或经评估可能导致较大及以上事故、必须及时整治的隐患。

3. 环保隐患是如何分级的?

环保隐患分为一般、较大和重大隐患。

（1）一般环保隐患，是指可能产生的环境危害程度较小，或发现后能够立即治理排除的隐患。

（2）较大环保隐患，是指可能产生的环境危害程度较大，应当局部停产停业并经过一定时间治理方能排除的隐患。

（3）重大环保隐患，是指可能产生的环境危害程度大，且情况复杂、短期内难以完成治理，应当全部或者局部停产停业并经过一定时间治理方能排除的隐患，或者因特殊原因致使自身难以排除的隐患。

4. 中国石化对企业开展隐患排查有哪些基本要求？

隐患排查应当依据法律法规、标准规范和管理制度，通过日常检查、定期检查、专业排查、专项排查和事故类比排查等多种形式持续开展。

出现下列情况之一时，企业应当及时组织开展隐患排查。

（1）法律法规、标准规范颁布执行或修订发布时，应当组织开展法规符合性隐患排查。

（2）同类企业发生生产安全事故、突发环境事件时，应当组织开展事故类比性隐患排查。

（3）生产作业场所外部环境发生重大变化时，应当组织开展环境适应性隐患排查。

各级单位应当对排查出的隐患进行分级，建立基层单位、二级单位和企业级隐患清单。基层班组和岗位自查发现的隐患，由基层单位负责列入隐患清单，录入安全、环保管理信息系统。企业及其上级部门组织开展的体系审核、各类检查及安全环保评估发现的隐患，由检查组织部门和评估单位负责提出隐患清单，由各专业管理部门进行分级、分类后分别录入。

5. 中国石化对企业开展隐患治理有哪些基本要求?

(1) 企业对排查出的隐患实行动态管理，按照轻重缓急及时整治。企业应当定期研究落实隐患整治方案，推进隐患整治进度。

(2) 一般隐患由二级单位或隐患所在的基层单位负责人、有关人员及时组织整改。较大隐患由二级单位或企业负责组织整治。重大隐患由企业上报相关事业部和安全环保管理部门，并专题研究，落实“五定”要求(定方案、定资金、定期限、定责任人、定预案)，公示和挂牌督办。需要投资立项治理的隐患，应当按集团公司项目投资管理规定的要求办理审批立项。

(3) 隐患治理方案必须符合法律法规和标准规范的要求，重视源头治理，严格过程控制，防止隐患治理过程中产生新的隐患和发生事故。隐患治理前应当落实有效的防护措施，隐患整治完成后应当办理销项手续。

(4) 重大隐患治理项目竣工投用半年后，企业应当成立由技术人员和专家组成的后评估小组或委托有资质的机构开展治理效果后评估，出具后评估报告。

(5) 企业应当建立隐患治理工作协调机制，按照当地政府要求，及时以书面形式向当地安全环保监管部门和主管部门汇报本单位隐患排查工作开展情况和需要地方政府协调解决的问题。

6. 中国石化对企业开展风险管控与隐患治理信息管理有哪些基本要求?

(1) 风险和隐患排查治理应当坚持动态管理和监控，并及时将风险和隐患信息录入安全、环保管理信息系统。

(2) 企业应当及时上报新识别和排查的重大风险和重大隐患。

(3) 企业应当每年总结安全环保风险和隐患管理工作，确定下年度工作重点，提交 HSSE 委员会审核，并在安全、环保管理信息系统中报送。

7. 环保隐患排查的主要内容是什么？

从环境应急管理和突发环境事件风险防控措施两大方面排查可能直接导致或次生突发环境事件的隐患。

（1）突发环境事件应急管理方面：

① 按规定开展突发环境事件风险评估，确定风险等级情况。

② 按规定制定突发环境事件应急预案并备案情况。

③ 按规定建立健全隐患排查治理制度，开展隐患排查治理工作和建立档案情况。

④ 按规定开展突发环境事件应急培训，如实记录培训情况。

⑤ 按规定储备必要的环境应急装备和物资情况。

⑥ 按规定公开突发环境事件应急预案及演练情况。

（2）突发环境事件风险防控措施方面：

① 突发水环境事件风险防控措施

a. 是否设置中间事故缓冲设施、事故应急水池或事故存液池等各类应急池；应急池容积是否满足环评文件及批复等相关文件要求；应急池位置是否合理，是否能确保所有受污染的雨水、消防水和泄漏物等通过排水系统接入应急池或全部收集；是否通过厂区内部管线或协议单位，将所收集的废(污)水送至污水处理设施处理；

b. 正常情况下厂区内涉危险化学品或其他有毒有害物质的各个生产装置、罐区、装卸区、作业场所和危险废物储存设施(场所)的排水管道(如围堰、防火堤、装卸区污水收集池)接入雨水或清净下水系统的阀(闸)是否关闭，通向应急池或废水处理系统的阀(闸)是否打开；受污染的冷却水和上述场所的墙壁、地面冲洗水和受污染的雨水(初期雨水)、消防水等是否都能排入生产废水处理系统或独立的处理系统；有排洪沟(排洪涵洞)或河道穿过厂区时，排洪沟(排洪涵洞)是否与渗漏观察井、生产废水、清净下水排放管道连通；

c. 雨水系统、清净下水系统、生产废(污)水系统的总排放口是否设置监视及关闭闸(阀)，是否设专人负责在紧急情况下关闭总排口，确保受污染的雨水、消防水和泄漏物等全部收集。

② 突发大气环境事件风险防控措施

a. 企业与周边重要环境风险受体的各类防护距离是否符合环境影响评价文件及批复的要求；

b. 涉有毒有害大气污染物名录的企业是否在厂界建设针对有毒有害特征污染物的环境风险预警体系；

c. 涉有毒有害大气污染物名录的企业是否定期监测或委托监测有毒有害大气特征污染物；

d. 突发环境事件信息通报机制建立情况，是否能在突发环境事件发生后及时通报可能受到污染危害的单位和居民。

第三部分

管控过程　强化执行

3.1 培训管理

1. 企业的培训职责有哪些?

(1) 企业是安全环保培训工作的责任主体，负责本单位全体员工的安全环保培训和教育工作；负责承包商(承运商、供应商)员工和临时外来人员的安全环保教育。

(2) 企业使用被派遣劳动者的，应当将被派遣劳动者纳入本单位从业人员统一管理，对被派遣劳动者进行岗位操作规程和操作技能的教育和培训。

(3) 企业应逐步推行基层单位安全环保培训考核与上岗晋级挂钩机制，新任基层班子成员及班组长试用期内要接受安全环保考核。

(4) 企业应建立专(兼)职培训师资队伍，提供培训场所，配备培训设施等资源。

(5) 企业应建立鼓励员工参加注册安全工程师考试和继续教育的机制，在时间安排、培训费用等方面予以支持，在员工发展、职务晋升等方面优先考虑。

2. 企业 HSSE 培训管理原则与要求有哪些?

(1) 依法合规的原则。HSSE 培训应符合有关法律法规要求，上岗的人员应依法取证、持证，具备相应 HSSE 工作能力。

(2) 提升 HSSE 工作能力的原则。企业应根据岗位职责，明确岗位 HSSE 工作能力要求，建立 HSSE 培训矩阵。HSSE 培训矩阵应明确培训内容、掌握程度等要求，突出 HSSE 培训的针对性和实效性。企业应依据 HSSE 培训矩阵开展培训，有效提升人员 HSSE 工作能力。

（3）上岗必须培训的原则。上岗前全体员工、承包商员工应接受相应的 HSSE 培训考核，不接受 HSSE 培训或考核不合格者不得上岗。

（4）教考分离的原则。HSSE 培训与考核应相对分离。HSSE 培训可委托具备相应能力的培训机构实施，HSSE 考核应由企业 HSSE 管理部门组织实施。

（5）企业应不断强化日常 HSSE 教育。企业应在各类管理培训、专业技术培训中嵌入 HSSE 培训专题，应采用"会前、岗前、作业前 5 分钟"事故分享、班前喊话等安全活动形式，开展全员 HSSE 教育，提升员工 HSSE 能力，适应岗位要求。

（6）企业应尽量把 HSSE 培训与技能培训相结合。

3. 企业 HSSE 培训组织与实施的基本流程是什么？

（1）制定 HSSE 培训矩阵。企业应依据法律法规、岗位 HSSE 职责等，明确岗位 HSSE 工作能力要求，逐级制定培训矩阵，矩阵应覆盖企业各个岗位，每年进行评估、更新。

（2）制定 HSSE 培训计划。企业各级单位应依据培训矩阵，进行岗位 HSSE 工作能力差距分析，并结合企业 HSSE 管理要求，确定岗位员工的 HSSE 培训需求，制定企业年度 HSSE 培训计划，应包括取证培训、岗前培训和在岗培训。

（3）编制 HSSE 培训方案。培训实施单位根据培训计划制定培训方案；培训组织单位负责审查培训方案。培训方案应包括培训目标、培训课程、培训方式、培训教师、考核内容等，培训方案应力求实效，对工程项目、大检修等长周期施工要明确分阶段、动态培训和验证式考核要求。

（4）实施 HSSE 培训。HSSE 培训实施包括取证培训、岗前培训和在岗培训的实施。其中，取证培训包括法律法规规定的相关取证及企业内部取证；岗前培训包括新员工三级 HSSE 教育及采用新工艺、新技术、新材料或者使用新设备时对相关生产、作业人员的培训；在岗 HSSE 培训包括根据年度 HSSE 培训计划开展的在岗脱产培训和采取师带徒、操作比武、应急演练、远程培训等多种形式的在岗不脱产培训。

（5）HSSE 培训考核。培训时长 0.5 个工作日以上的 HSSE 培训应组织考核，可采取实操考核、仿真考核、理论考试等形式，操作人员以实操考核为主，理论考试原则上要采取闭卷方式。

（6）进行 HSSE 培训评估。HSSE 管理部门应会同人力资源部门定期组织 HSSE 培训评估，出具评估报告。HSSE 培训评估应包括培训效果评估和对培训机构的评估。

（7）建立 HSSE 培训档案。企业应做好各类取证人员的培训记录和取证登记。岗前培训和在岗脱产培训应建立 HSSE 培训档案，在岗不脱产培训应做好相应记录。HSSE 培训档案宜采取信息化方式。

4. 安全取证培训的范围及要求有哪些？

（1）企业主要负责人和安全生产管理人员必须具备与本单位所从事生产经营活动相适应的安全知识和管理能力，并经地方政府负有安全监督管理职责的部门考核合格。

（2）特种作业人员、特种设备作业人员等必须接受专门的安全培训，取得相应资格后方可上岗作业。

① 特种作业是指容易发生事故，对操作者本人、他人的安全健康及设备、设施的安全可能造成重大危害的作业。特种作业人员，是指直接从事特种作业的从业人员。特种作业及特种作业人员范围参照《特种作业人员安全技术培训考核管理办法》。

② 特种设备是指对人身和财产安全有较大危险性的锅炉、压力容器(含气瓶)、压力管道、电梯、起重机械、客运索道、大型游乐设施、场(厂)内机动车辆，以及法律、行政法规规定的其他特种设备。特种设备安全管理人员、检测人员和作业人员应当按照国家有关规定取得相应资格后，方可从事相关工作。特种设备及特种设备操作人员范围参照《中华人民共和国特种设备安全法》及《特种设备安全监察条例》。

（3）企业内部取证人员（如特殊作业许可申请人、签发人、监护人、接收人)，应培训考核合格后上岗，并明确证书有效期。

(4) 在证书有效期内，特种作业人员、特种设备作业人员、企业内部取证人员，连续离岗 3 个月以上，企业应根据实际情况，重新考核验证相应安全能力，合格后方可上岗。

5. 石化企业重要节点的安全培训要求有哪些？

(1) 采用新工艺、新技术、新材料或者使用新设备时，必须对相关生产、作业人员进行相应的专门安全培训。

(2) 实施工艺技术变更、设备设施变更后，应当对有关人员重新进行有针对性的安全培训。培训内容可包括变更目的、作用、变更内容、变更中可能的风险和影响、以及类似事故案例等。

(3) 参加检修的所有人员必须接受检修前的安全教育，教育时间不少于 4 学时，经考试合格后，方可进入检修现场作业。培训内容包括不限于：

① 本单位历年来检修中发生的事故。

② 防火、防爆、防中毒、防窒息。

③ 安全管理制度、安全操作规程、大检修安全、职业危害等。

④ 实操：特殊作业安全、应急逃生、自救互救等。

(4) 国家新颁布或新修订相关安全法律法规后，企业必须对相关人员宣贯培训。

(5) 发生事故后，企业必须组织事故责任者和相关人员培训，吸取事故教训，防止同类事故重复发生。

6. 企业环保培训的主要内容是什么？

(1) 领导层应定期接受国家及地方环保政策法规、环境风险等方面的培训。

(2) 部门管理人员应定期接受国家及地方环保政策法规、专业相关环保管理要求方面的培训。

（3）环保专业人员应定期接受国家及地方环保政策法规、标准规范、环保技术、环保管理体系等方面的培训。

（4）环境监测人员应定期接受环境监测标准、方法、操作技能等方面的培训。

（5）基层操作人员应接受岗位环保职责、环境风险识别与隐患排查、污染防控技能、突发环境事件现场应急处置流程和技术等方面的培训。

（6）新员工上岗培训应包含环保应知应会内容。

7. 企业环保培训的频次要求是什么？

（1）企业领导干部每三年应至少参加一次环保培训。

（2）计划、生产、技术、设备、工程等管理部门负责人和二级单位负责人每三年应至少参加一次环保培训。

（3）企业环保处长、环保总监（专家）、环保科长以及二级单位的环保分管领导、环保科长（或相应职位人员）应在任职一年内参加集团公司组织的环保培训，以后每三年应至少参加一次环保培训。

（4）环保从业人员上岗一年内必须参加相应的环保专业培训，以后每三年应至少参加一次相应的环保专业培训。

（5）新工艺、新技术或者使用新设备前，必须对相关人员进行专项环保培训。

（6）企业组织综合培训时，培训内容中应包含环保内容。

8. 承包商 HSSE 培训与考核要求有哪些？

（1）承包商负责其员工的安全环保培训与考核。承包商需参照中国石化员工安全培训矩阵建立承包商各级员工安全培训矩阵，并开展培训。长期战略承包商、改制企业承包商新入职员工上岗安全环保教育培训及员工日常安全环保教育培训、取证参照中国石化企业员工岗前、在岗、取证培训有关要求进行。承包商应在其员工进入中国石化现场前，对其安全环保能力进行考核，不合格者不允许进入。

(2) 企业负责检查和验证承包商的安全环保培训工作。承包商员工进入现场前，企业要开展入场前安全环保教育培训，并考核验证其安全环保能力，验证形式应以实操为主，不合格者不允许进入现场。长期战略承包商、改制企业承包商经企业首次入场安全环保教育培训合格后，可自主开展安全环保教育培训。企业对承包商的安全培训矩阵、安全环保培训考核工作进行检查、监督，纳入承包商安全环保考核，并在合同中约定与经济奖罚挂钩。

(3) 承包商安全环保教育培训内容要与企业或承包商自身特点及承包商员工工种、服务业务、专业等相结合。

(4) 各企业应根据项目和承包商员工的具体情况规定“临时出入证”的有效期，一般为一个施工周期，原则上不超过半年。长期战略承包商、改制企业承包商可适当延长，最长有效期不得超过一年。

(5) “临时出入证”失效后，承包商要再次经过企业安全环保教育培训合格后，方可重新申请办理“临时出入证”。长期战略承包商、改制企业承包商可凭自主安全环保教育培训合格记录，直接向企业申请办理“临时出入证”，但企业应对其员工建立定期检查、抽考机制，检查、抽考不合格者，限制办理或取消“临时出入证”。

(6) 项目开工前，对于承包商项目管理人员(项目负责人、项目安全管理人员、现场技术负责人)，企业要按其从事工作性质和内容进行包括项目主要风险、中国石化相关管理规定等在内的专项安全环保培训，考核合格后方可开工。

(7) 对于承包商从事特殊作业许可的申请人、监护人、接收人，企业要对其进行资格培训，主要培训中国石化直接作业管理办法及相应操作规程等。经考核合格后取得合格证书，方可开展工作。

3.2 建设项目管理

1. 建设项目 HSSE 管理主要包括哪些原则?

(1) 设计单位应严格执行中国石化设计管理规定, 并将有关规定要求纳入相应的项目总体设计中。

(2) 设计单位应建立完善的 HSSE 管理体系, 并有效运行。

(3) 设计单位应接受工程部对企业、项目部(组) HSSE 管理体系文件完备情况和运行情况。

2. 企业建设项目在开展风险评估时应考虑哪些方面?

企业应对建设项目下列风险开展评估:

(1) 技术风险;

(2) 质量风险;

(3) 管理风险;

(4) 安全风险;

(5) 环境风险;

(6) 外部风险。

3. 建设项目可研阶段应关注哪些 HSSE 问题?

(1) 在可行性研究阶段, 建设单位应当全面分析项目存在的各种危害, 可能导致泄漏、火灾爆炸和人员中毒风险的, 应当开展工艺危害分析(PHA), 形成分析报告。

(2) 对涉及有毒或易燃气体重大危险源和爆炸物的危险化学品生产、储存装置(设施)建设项目, 建设单位应当采用定量风险评价法(QRA)或事故后果法确定外部安全防护距离。

（3）对于国内首次使用的生产工艺，建设单位应开展安全可靠性论证，并将论证报告报送省级政府安全监管部门审查，海上建设项目报海洋安办石化分部审查，取得批复意见。

（4）对于涉及“两重点一重大”的建设项目，设计工艺包中应当包含：工艺危害分析、反应失控风险评价与量化分级、物质危险特性、安全操作条件、安全泄放、应急处置、储运安全等内容。

（5）可研阶段应同时开展建设项目环境影响评价工作。

（6）可行性研究报告应设置环境保护专章，从法律法规符合性、产业政策和功能区划符合性、环保措施可行性、环境风险防控措施可行性、污染物排放总量和环境容量符合性等五方面论证环境可行性。

4. 建设项目基础设计阶段应注意哪些 HSSE 问题？

（1）设计单位应当逐条落实安全评价报告及评审意见、环境影响评价报告及批复中提出的有关对策措施及建议，对没有采纳的意见应当予以说明。

（2）设计单位应当完成安全设施设计、职业病防护设施设计和消防等专篇的编制。安全设施设计专篇中应当有安全仪表设计的相关内容，设计单位应当组织内部审查。建设单位负责组织专篇上报，及时取得政府相关部门的审批或备案。

（3）设计单位应完成环境保护专篇的编制，环境保护专篇应落实环境影响评价文件及其批复要求，保障环保投资，环保设施应与主体工程同时设计。

（4）设计单位应当按照规定对建设项目开展危险与可操作性分析（HAZOP），建设单位应当组织有 HAZOP 审查资质的人员对分析报告进行审查。

（5）设计单位应当基于建设项目的风险评价，明确每一个安全仪表功能的功能性和完整性要求（SIL 定级），形成安全要求规范（SRS）技术文件，设计符合要求的安全仪表系统，并组织内部审查验证。建设单位应当派人参加审查验证。

(6) 对于涉及“两重点一重大”的建设项目，设计单位应当根据安全评价报告、风险评价结论和国家相关规定，形成建设项目的“两重点一重大”风险清单。编制总体设计的项目，应在总体设计阶段形成“两重点一重大”风险清单。

(7) 设计单位应当按照全覆盖、无盲区的要求设计视频监控系统，并根据城乡规划、相关标准和实际需要，同步设计符合《反恐怖主义法》要求的技防、物防设备、设施。

(8) 对于可能释放高毒、剧毒、易于聚集的有毒气体和可能释放可燃气体的建设项目，建设单位应当组织开展基于泄漏的可燃及有毒气体探测器设置分析，优化气体探测器布置。

(9) 设计单位应当选用满足安全要求、质量可靠、业绩良好的设备、材料。

(10) 建设单位应当根据建设项目特点和需要，对总平面布置组织开展定量风险评价，优化建设项目内部布置，同时考虑应急物资存储位置、控制电缆走向等安全设计。编制总体设计的建设项目，应在总体设计阶段对总平面布置组织开展定量风险评价。

(11) 建设单位应当对设计文件组织安全审查，包括安全、职业卫生和消防专篇、定量评价、HAZOP、SIL 等分析报告，并形成总体安全审查报告。在安全专篇审查时，要审查其合规性和各设计阶段的评价(评估)报告提出的风险控制措施落实情况。

(12) 环境保护专篇应按照分级管理要求进行审查，建设单位应组织对环境保护专篇进行内部审查。

(13) 基础设计批复前应取得环境影响评价批复。

(14) 需要开展环境监理的建设项目，建设单位应在基础设计(初步设计)阶段自行组织或者委托有能力的第三方机构开展环境监理。

5. 建设项目详细设计阶段应注意哪些 HSSE 问题？

(1) 详细设计阶段，建设单位应当组织相关方，核实基础设计阶段开展的各项安全审查提出的设计改进及建议措施的落实情况。除落实上述的要求外，建设单位应当对有人值守建筑物（含巡检人员休息场所）组织开展定量风险评价，验证有人值守建筑物的风险在可接受范围内。

（2）更加深入细致的考虑施工安全操作和防护的需要，对涉及施工安全的重点部位和环节在设计文件中注明，并对防范生产安全事故提出指导意见。

（3）在设计中采用新结构、新材料、新工艺的建设工程和特殊结构的建设工程，设计人员还应当在设计中提出保障施工作业人员安全和预防生产安全事故的措施建议。

6. 建设项目应满足哪些“三同时”要求？

建设项目的安全、环境保护、职业病防护、消防设施“三同时”（简称“三同时”）。在项目不同阶段，“三同时”有不同关注重点：

（1）可行性研究阶段应全面分析建设项目存在的各种危害、风险，对可能导致泄漏、火灾爆炸和人员中毒风险的建设项目，应当开展工艺危害分析（PHA），形成分析报告。对涉及有毒或易燃气体重大危险源和爆炸物的危险化学品生产、储存装置（设施）建设项目，应采用定量风险评价法（QRA）或事故后果法确定外部安全防护距离。安全设施设计、职业病防护设施设计、消防设计专篇应当逐条说明评价报告及审查意见中提出的对策措施与建议采纳情况。

（2）设计阶段组织对涉及“两重点一重大”的建设项目进行安全分析（HAZOP 分析、SIL 分级等），提出管控措施，将风险降低到可接受的水平。

（3）建设单位应加强承包商安全及工程施工质量管理，严格按照设计要求进行施工，出现变更时应严格执行变更管理。投用前安全条件检查应包括对建设项目安全、环境保护、职业病防护、消防设施进行试运，确保设施正常运行。

（4）竣工投入生产或者使用前，应按照《建设项目安全设施竣工验收管理要求》《建设项目环境保护管理规定》等要求，组织对安全设施、环保设施进行专项竣工验收。存在职业性危害因素超标的建设项目整改完成前，不得验收职业病防护设施。环保设施不具备投用条件，主体工程不得试生产。

（5）环保设施应与主体工程同时设计、同时施工、同时投入试运行。

（6）实行排污许可管理的单位，建设项目依法取得排污许可证或完成排污许可证变更后，方可试生产。

7. 建设项目如何进行采购全过程 HSSE 控制？

建设项目管理方应实行标准化采购，包括技术交流、订单编制、生产、监造、包装、运输、仓储、发放、使用等全过程的 HSSE 管理，主要包括以下内容：

（1）明确物资采购的 HSSE 管理职责，及与建设项目采购方承包商沟通管理的方法及措施。

（2）建设项目管理方应在合同中明确双方 HSSE 管理工作的内容及应负的责任。

（3）采购方承包商应对设备、材料进行入厂质量检验，提供必要的证明文件、技术资料等，确保其符合建设项目的要求。

（4）对有毒有害物质的储存应有 HSSE 危害辨识和风险分析以及措施制定的要求，监督实施的手段等。

（5）建设项目管理方负责物资运输、储存的 HSSE 管理，确保各种物资运输、储存及配送等环节的安全。针对大件运输，建设项目管理方应对承运方提出 HSSE 危害辨识和风险分析以及制定相应措施的要求以及监督实施的手段。

（6）建设项目管理方对于物资的采购、发放应建立台账，确保物资的可追溯性。

8. 建设项目施工设备与工具 HSSE 管理要求有哪些？

（1）建设项目施工设备与工具主要包括：小型起重设备（手拉、电动葫芦等）、起重传动设备（吊索、卸扣、吊钩等）、发电机、电焊机、电动工具（磨光机、切割机、电钻、电锯等）、手动工具（榔头、锯子、撬杠等）、电气设备（电缆、配电箱等）、灭火器等。

（2）以上工机具在进入项目的工地前，均应存放于检验区进行全面自查，设备机具经检验人员检查合格后，签字做出颜色标识并到项目管理方登记注册，不符合要求的工机具不得带到现场使用。

（3）在开始使用后每月检查一次，合格的更换当月的色标。检验可由建设项目 HSSE 工程师或由 HSSE 监理方进行，建设项目管理方相关 HSSE 管理人员对检查情况进行监督。

（4）起重机、叉车、挖掘机、升降机、卷扬机等特殊设备应经管理方的起重、设备专家检验合格并发放使用许可证后方可进入现场使用，在使用期间每季度进行一次换证检查。在自检合格后提交管理方检验，并同时提交以下资料：

① 机具设备的出厂合格证复印件。

② 轮式起重机应提供车辆行驶证及机动车交通事故责任强制保险单。

③ 驾驶员的驾驶证和身份证及复印件。

④ 机具设备操作人员批准资质。

⑤ 政府职能部门颁发的《安全检验合格证》或《质量技术检测报告书》。

⑥ 特种设备操作人员在每天作业前都对设备进行检查，并填写设备日检查记录。

9. 建设项目施工期应开展哪些环境保护工作？

（1）建设项目环境影响报告书（表）未取得批复或备案，不得开工建设。

（2）项目发生重大环保变动时，应重新开展环境影响评价。

（3）环境影响报告书（表）自批准之后起超过五年才开工建设的，应重新报原审批部门审核。

（4）企业应制定项目施工期环境保护计划，细化环境保护措施，落实基础设计(初步设计)、环境影响报告书(表)及其批复文件中的环保要求。

（5）施工期环保措施、环境保护设施建设等内容应纳入施工合同，施工单位应根据合同执行并监督检查。

10. 建设项目中有哪些作业需要执行作业许可制度?

包括但不限于下列作业：大型吊装作业、受限空间作业、用火作业、高空作业、脚手架作业、射线作业、临时用电作业、夜间作业、压力试验、道路封闭作业、破土作业、危化品安全作业、吊篮作业、水上作业。

11. 建设项目竣工验收包括哪些 HSSE 专项验收?

工程项目竣工验收之前需要办理完成以下 HSSE 专项验收，包括但不限于：

（1）消防验收。

（2）职业病防护设施验收。

（3）安全设施验收。

（4）环保设施验收。

（5）防雷设施验收。

（6）档案验收。

12. 建设项目竣工环保验收的要求?

（1）企业应在 3 个月内自行或者委托有能力的技术机构编制验收监测(调查)报告，完成竣工环保验收；需要取得废水、废气排污许可证的项目、环境保护设施需要调试或者整改的项目，验收期限可适当延期，但最长不得超过12个月。

（2）企业应按照分级管理的原则，按照规定向总部、主管事业部申请开展竣工环保验收，或自行组织竣工环保验收。

（3）验收报告应包括验收监测（调查）报告、验收意见和其他需要说明的事项等三项内容；企业应按要求对验收报告进行公开，并在完成验收后，登录全国建设项目竣工环境保护验收信息平台进行备案。

13. 建设项目环境影响后评价应如何开展？

（1）建设项目投入正式生产或者使用后，建设单位应当按照国家和地方环境保护行政主管部门的要求组织开展环境影响后评价。

（2）开展环境影响后评价的项目包括但不限于：

① 穿越重要生态环境敏感区油气田开采、油气输送管道（不含集输管网）项目；

② 有重大环境风险，建设地点敏感，且持续排放重金属或者持久性有机污染物的炼油化工项目；

③ 环境影响报告书（表）批复中要求开展环境影响后评价的其他建设项目。

（3）企业应按照分级管理的原则，按照规定向总部、主管事业部申请环境影响后评价报告审查，并按照要求将环境影响后评价文件报原审批该建设项目环境影响报告书的生态环保部门备案。

14. 建设项目管理"三查四定"是指什么？

"三查"是指：查设计漏项、查施工质量隐患、查未完工程。"四定"是指：对检查出的问题定任务、定人员、定措施、定整改时间。

3.3 生产运行管理

1. 操作规程主要包括哪些内容?

(1) 岗位适用范围。

(2) 岗位生产工艺流程及关键控制点。

(3) 岗位报警、联锁及其投用与操作。

(4) 装置开工操作：开工准备(内部、外部条件)与检查确认；开工操作步骤与注意事项，包括升温、升压、提量等操作及要求(升温曲线、升压曲线、提量曲线等)。

(5) 岗位正常操作：产品质量调节及控制，工艺参数的调节及控制，关键设备的操作维护规定，原料切换、产品切换、“三剂”切换等操作。

(6) 岗位异常情况的操作。

(7) 岗位停工操作：停工准备工作、停工操作步骤与注意事项。

(8) 装置事故处理：公用工程故障紧急处理方法与步骤，局部或全部停水、停电、停蒸汽(低压、高压)、停仪表风、停动力风、停氮气等状况；装置主要设备故障，设备泄漏、着火爆炸紧急处理方法与步骤；装置发生物料供应故障、设备和仪表等故障时的紧急处理方法与步骤等。

(9) 主要设备操作法。

(10) “三剂”装卸、再生、烧焦、活化方案。

2. 操作规程的具体管理要求有哪些?

企业统一制定格式，由工艺技术管理部门组织编写或修订。新建装置由企业根据设计单位或技术提供商的技术资料编制试行版，新建和改造装置应在运行考核后半年内修订。操作规程每 3 年组织修订一次，当装置工艺过程、原材料等发生重大变化或技术改造后要依据工艺技术规程等技术文件及时修改与补充。

企业必须明确操作规程的审批程序。操作规程经各相关部门审核、会签，报企业分管领导批准后生效。

3. 企业如何对生产异常情况进行闭环管理？

生产异常情况是指正在发生，如不能及时有效处置将会恶化并可能酿成事故的波动、报警、故障等情况。发现异常应该做好生产异常情况的上报、生产异常情况的处置、生产异常情况的记录，并保存好有关数据、图表、趋势、逐项分析异常原因、评估处置措施、提出改进方法，对异常情况实行闭环管理。

4. 企业装置开工方案主要包含哪些内容？

（1）准备工作。

（2）开工步骤。

（3）开工时间统筹。

（4）危害识别及风险评估。

（5）专项处理方案(装剂及预处理等)。

（6）盲板图及一览表。

（7）开工条件确认表。

（8）环境保护方案。

5. 装置开工需要注意哪些安全事项？

（1）装置开工由指定的生产负责人统一指挥，当班班长严格执行其指令，其他各级领导在一般情况下不得直接向岗位人员下达指令，确保开工统一指挥。

（2）设备、管线用蒸汽或压缩空气、氮气等吹扫置换时，注意缓慢而无差错，保证放火炬系统畅通、安全。引蒸汽要缓慢，先排尽冷凝水并且暖管，动作不可过猛，以防止水击拉裂焊口。引汽过程应严防烫伤人。

（3）严格遵守加热炉点火规程，以防回火伤人和损坏设备。

（4）进料时应缓慢，注意排凝，防止水击和冲塔。

（5）各塔、容器在恒温脱水中不得离人，以免跑油、串油。

（6）恒温热紧时用力适当、均匀。

（7）设备启用严格遵守操作规程，防止骤冷、热造成设备泄漏或水击。冷换设备应保持壳程、管程温差不可过大，引进热流时冷流部分的阀门不可全部关闭，以防止升温升压憋坏设备。

（8）开工改流程时，执行岗位、班长、技术管理人员三级检查制度，确保其流程准确无误。

（9）禁止在受压状态下更换垫片、填压盘根等，以防介质喷出伤人。

（10）火炬岗位在开工前详细检查电点火等设施，确保其完好，并认真巡回检查，做好排凝工作。

（11）生产装置和罐区密切配合，严格控制重油入罐温度，谨防油罐突沸，严防憋压或冒罐。

（12）储运系统、仪表、钳工、电气、化验、动力、供水、排水、计算机所等辅助生产系统要事先做好开工准备，密切配合。

（13）装置开工期间，各种机动车辆、人员未经允许不得进入开工现场。

6. 企业装置停工方案主要包含哪些内容？

（1）准备工作。

（2）停工步骤。

（3）停工时间统筹。

（4）危害识别及风险评估。

(5) 盲板图及一览表。

(6) 专项处理方案(钝化、烧焦、卸剂等)。

(7) 环境保护方案。

7. 装置停工安全措施有哪些?

(1) 生产装置负责人组织技术人员制订停工、吹扫方案，要求方案详细，规定具体，可操作性强。对本岗位、本专业、厂内外同类装置停工中曾经发生过的事故要有防范措施及注意事项。并组织岗位操作人员学习讨论，停工前进行一次安全考试。

(2) 生产装置停工包括七个阶段，各阶段应包括符合工艺、设备要求的、可操作性强的步骤和措施，且有专人负责。7个阶段为:

① 降量降温降压;

② 退油;

③ 排除残留物料;

④ 清除腐蚀及毒性物质;

⑤ 蒸汽吹扫或水清洗(化学清洗);

⑥ 装置与系统的隔离，设备人孔的开启;

⑦ 自燃性硫化铁的清除。

(3) 停工装置严格按照操作规程和吹扫方案进行吹扫，做到不超压，不用错吹扫介质。设备、管道必须彻底吹扫干净、不留死角，吹扫一次合格，达到施工用火的要求和国家工业卫生标准。

(4) 吹扫置换时，各岗位安排吹扫负责人，并对负责人进行考核，装置负责人安排技术人员进行检查，做到停得稳、扫得净、放得空、无死角，并作好记录。

(5) 装置停工、置换、分析合格后按停工方案要求抽堵盲板，且做好明显标记，并指定专人统一编号登记，严防漏堵、漏拆。盲板的材质、厚度应符合安全要求，不准随便代用，拆装盲板事先联系和通知有关人员，严禁随意拆装。

(6) 与炉、塔、容器相连的蒸汽、氮气等有害介质的阀门，加盲板隔离。未经处理的管线设备设置明显标志。

（7）装置停工，要明确装置、岗位负责人。停工过程要平稳，不憋压、不污染产品罐及环境；不冲击排水及公用工程系统；不影响上、下游装置。

（8）物料要放得净，不发生跑串事故。

（9）水封井确保完好，含油污水系统的下水井、地漏及下水道电缆沟必须用水洗干净，盖严封死，设置标志牌和护栅，明沟地坑、平台、地面不得有油污。

（10）未经吹扫处理的设备、容器、管道与系统隔离，设置明显警示标志，并向职工和施工单位交底。

（11）停工期间，各装置要做好防冻防凝工作，做到不冻坏一根管线、一个阀门和一台设备。

（12）装置吹扫后要进行严格的验收。由装置负责人组织单位有关人员进行检查确认合格后，安全环保处负责组织有关单位对装置进行检修前的安全验收。

（13）各检修装置组织填写“停工检修安全验收表”。

（14）有关单位现场确认，认为达到停工检修条件并在“停工检修安全验收表”签字后，装置方可交检修。

8. 企业装置开、停工方案的相关管理要求有哪些？

（1）对于新建或重大技术改造后装置，由分（子）公司主管部门组织编写开（停）工方案，经相关部门讨论、审核、会签，报公司分管领导批准后执行。

（2）对于正常检修或抢修装置，由基层单位组织工艺技术人员编制开（停）工方案，并报有关部门会签和审批。

（3）开（停）工方案的扉页上必须有编制人、审核（单位）人及批准人手写签字。

（4）组织装置人员认真学习（包括现场交底）装置开（停）工方案，必要时进行书面考试，确保所有操作人员均能熟练掌握该次开（停）工的有关步骤和知识。

(5) 装置开(停)工前，基层单位要将开(停)工方案上墙，并绘制装置升温曲线图，并按时作好记录。

9. 装置(设施)投料试车前应满足的条件有哪些?

(1) 依法取得试生产方案备案手续

按照《危险化学品建设项目安全许可实施办法》(国家安监总局令第8号)的规定，将试生产(使用)方案报相应的安监部门备案，并取得备案证明文件。

按照《排污许可管理办法(试行)》(环境保护部令第48号)的规定，按照排污许可管理的企业，应在试生产前应取得排污许可证或排污许可证变更。

突发环境事件应急预案应按相关要求，在企业所在地县级生态环境保护行政主管部门备案。

(2) 单机试车及工程中间交接完成

① 工程质量初评合格。

② “三查四定”的问题整改消缺完毕，遗留尾项已处理。

③ 影响投料的设计变更项目已施工完毕。

④ 单机试车合格。

⑤ 工程已办理中间交接手续。

⑥ 化工装置区内施工用临时设施已全部拆除；现场无杂物、无障碍。

⑦ 设备位号和管道介质名称、流向标志齐全。

⑧ 系统吹扫、清洗完成，气密试验合格。

(3) 联动试车已完成

① 干燥、置换、三剂装填、计算机仪表联校等已完成并经确认。

② 设备处于完好备用状态。

③ 在线分析仪表、仪器经调试具备使用条件、工业空调已投用。

④ 化工装置的检测、控制、联锁、报警系统调校完毕，防雷防静

电设施准确可靠。

⑤ 现场消防、气防等器材及岗位工器具已配齐。

⑥ 联动试车暴露出的问题已经整改完毕。

(4) 人员培训已完成

① 国内外同类装置培训、实习已结束。

② 已进行岗位练兵、模拟练兵、防事故练兵、达到“三懂六会”(三懂：懂原理、懂结构、懂方案规程。六会：会识图、会操作、会维护、会计算、会联系、会排除故障)，提高“六种能力”(思维能力，操作、作业能力，协调组织能力，防事故能力，自我保护救护能力，自我约束能力)。

③ 各工种人员经考试合格，已取得上岗证。

④ 已汇编国内外同类装置事故案例，并组织学习。对本装置试车以来的事故和事故苗头本着“四不放过”(事故原因未查清不放过，责任人员未处理不放过，整改措施未落实不放过，有关人员未受到教育不放过)的原则已进行分析总结，吸取教训。

⑤ 相关变更事项培训已完成，与变更有关的文件资料已更新完成，相关部门已告知。

(5) 各项生产管理制度已建立和落实

① 岗位分工明确，班组生产作业制度已建立。

② 各级试车指挥系统已落实，指挥人员已值班上岗，并建立例会制度。

③ 各级生产调度制度已建立。

④ 岗位责任、巡回检查、交接班等相关制度已建立。

⑤ 已做到各种指令、信息传递文字化，原始记录数据表格化。

(6) 经批准的化工投料试车方案已组织有关人员学习

① 工艺技术规程、安全技术规程、操作法等已人手一册，化工投料试车方案主操以上人员已人手一册。

② 每一试车步骤都有书面方案，从指挥到操作人员均已掌握。

③ 已实行“看板”或“上墙”管理。

④ 已进行试车方案交底、学习、讨论。

⑤ 事故应急预案已经制定并经过演练。

(7) 保运工作已落实

① 保运的范围、责任已划分。

② 保运队伍已组成。

③ 保运人员已上岗并佩戴标志。

④ 保运装备、工器具已落实。

⑤ 保运值班地点已落实并挂牌，实行24小时值班。

⑥ 保运后备人员已落实。

⑦ 物资供应服务到现场，实行24小时值班。

⑧ 机、电、仪修人员已上岗。

⑨ 依托社会的机、电、仪维修力量已签订合同。

(8) 供排水系统已正常运行

① 水网压力、流量、水质符合工艺要求，供水稳定。

② 循环水系统预膜已合格、运行稳定。

③ 化学水、消防水、冷凝水、排水系统均已投用，运行可靠。

(9) 供电系统已平稳运行

① 工艺要求的双电源、双回路供电已实现。

② 仪表电源稳定运行。

③ 保安电源已落实，事故发电机处于良好备用状态。

④ 电力调度人员已上岗值班。

⑤ 供电线路维护已经落实，人员开始倒班巡线。

(10) 蒸汽系统已平稳供给

① 蒸汽系统已按压力等级运行正常，参数稳定。

② 无跑、冒、滴、漏，保温良好。

(11) 供氮、供风系统已运行正常

① 工艺空气、仪表空气、氮气系统运行正常。

② 压力、流量、露点等参数合格。

(12) 化工原材料、润滑油(脂)准备齐全

① 化工原材料、润滑油(脂)已全部到货并检验合格。

② “三剂”装填完毕。

③ 润滑油三级过滤制度已落实，设备润滑点已明确。

(13) 备品配件齐全

① 备品配件可满足试车需要，已上架，账物相符。

② 库房已建立昼夜值班制度，保管人员熟悉库内物资规格、数量、存入地点，出库满足及时准确要求。

(14) 通讯联络系统运行可靠

① 指挥系统通讯畅通。

② 岗位、直通电话已开通好用。

③ 调度、火警、急救电话可靠好用。

④ 无线电话、报话机呼叫清晰。

(15) 物料储存系统已处于良好待用状态

① 原料、燃料、中间产品、产品储罐均已吹扫、试压、气密、标定、干燥、氮封完毕。

② 机泵、管线联动试车完成，处于良好待用状态。

③ 储罐防静电、防雷设施完好。

④ 储罐的呼吸阀、安全阀已调试合格。

⑤ 储罐位号、管线介质名称与流向标识完全，罐区防火有明显标志。

(16) 物流运输系统已处于随时备用状态

① 铁路、公路、码头及管道输送系统已建成投用。

② 原料、燃料、中间产品、产品交接的质量、数量、方式等制度已落实。

③ 不合格品处理手段已落实。

④ 产品包装设施已用实物料调试，包装材料齐全。

⑤ 产品销售和运输手段已落实。

⑥ 产品出厂检验、装车、运输设备及人员已到位。

(17) 安全、消防、急救系统已完善

① 经过风险评估，已制订相应的安全措施和事故预案。

② 安全生产管理制度、规程、台账齐全，安全管理体系建立，人员经安全教育后取证上岗；用火制度、禁烟制度、车辆管理制度等安

全生产管理制度已建立并公布；消防巡检制度、消防车现场管理制度已制定，消防作战方案已落实，消防道路已畅通，并进行过消防演习；岗位消防器材、护具已备齐，人人会用；气体防护、救护措施已落实，制定气防预案并演习；现场急救站已建立，并备有救护车等，实行24小时值班。

③ 道路通行标志、防辐射标志及其他警示标志齐全。

④ 现场人员劳保用品穿戴符合要求，职工急救常识已经普及。

⑤ 生产装置、罐区的消防水系统、消防泡沫站、汽幕、水幕、喷淋以及烟火报警器、可燃气体和有毒气体监测器已投用，完好率达到100%；安全阀试压、调校、定压、铅封完毕；锅炉、压力容器、压力管道、吊车、电梯等特种设备已经质量技术监督管理部门监督检验、登记并发证。

⑥ 盲板管理已有专人负责，进行动态管理，设有台账，现场挂牌。

⑦ 其他有关内容要求。

(18) 生产调度系统已正常运行

① 调度体系已建立，各专业调度人员已配齐并经考核上岗。

② 试车调度工作的正常秩序已形成，调度例会制度已建立。

③ 调度人员已熟悉各种物料输送方案，厂际、装置间互供物料关系明确且管线已开通。

④ 试车期间的原料、燃料、产品、副产品及动力平衡等均已纳入调度系统的正常管理之中。

(19) 环保工作已满足投料试车条件

① 环保管理制度、各装置环保控制指标等经批准公布执行。

② 环保设施已建成投运并满足达标排放要求。

③ 环境监测方案已制定，监测所需的仪器和试剂已备齐，分析规程及报表已确定。

④ 环保应急物资已按要求配齐，应急预案已经过演练。

(20) 化验分析准备工作已就绪

① 中间化验室、分析室已建立正常分析检验制度。

② 化验分析项目、频率、方法已确定，仪器调试完毕，试剂已备齐，分析人员已持证上岗。

③ 采样点已确定，采样器具、采样责任已落实。

④ 模拟采样、模拟分析已进行。

(21) 现场保卫已落实

① 现场保卫的组织、人员、交通工具已落实。

② 入厂制度、控制室等要害部门保卫制度已制定。

③ 与地方联防的措施已落实并发布公告。

(22) 生活后勤服务已落实

① 职工通勤车满足试车倒班和节假日加班需要，安全正点。

② 食堂实行 24 小时值班，并做到送饭到现场。

③ 倒班宿舍管理已正常化。

④ 清洁卫生责任制已落实。

⑤ 相关文件、档案、保密管理等行政事务工作到位。

⑥ 气象信息定期发布，便于各项工作及时应对和调整。

⑦ 职工防暑降温或防寒防冻的措施落实到位。

(23) 开车队和专家组人员已到现场

① 开车队伍和专家组人员已按计划到齐。

② 开车队伍和专家组人员的办公地点、交通、食宿等已安排就绪。

③ 有外国专家时，现场翻译已配好。

④ 化工投料试车方案已得到专家组的确认，开车队伍人员的建议已充分发表。

3.4 危险化学品储运管理

1. 危险化学品装卸与运输作业有哪些安全要求？

(1) 装卸作业安全：

① 入厂前，必须出示《提货单》或《送货单》、车辆行驶证、驾驶

证、押运证等手续，经生产企业对车辆和人员进行安全、安保检查、登记后，方可进入装卸区。严禁携带手机、打火机等非防爆物品、禁忌物品和无关人员进入装卸区。

② 装卸作业前，装卸作业人员应确认汽车罐车进入正确的装卸鹤位，熄火、停放平稳，放置车辆防溜器具和车前禁止车辆移动的警示设施，车钥匙交与装卸车间(站)统一保管。

③ 汽车罐车与装卸栈台的静电接地装置可靠连通；装卸人员和司机或押运员共同确保装卸臂与汽车罐车灌装口的快按接头卡紧、锁死，确认签字。

④ 装卸作业人员、押运员或司机对各自负责的设备进行安全检查，共同确认无异常情况下才能装卸作业。

⑤ 装卸过程全程视频监控，作业期间应在装卸车辆周围设置警戒线，禁止无关人员和车辆进入；装卸出现异常时，押运员或司机应能够紧急关闭汽车罐车上紧急切断阀。

⑥ 严禁超设计最大充装量充装，要有严禁超限充装的措施。

⑦ 装卸结束后，装卸作业人员停止装车计量仪、关闭装卸臂前的切断阀和装车泵；押运员或司机关闭车上阀门，封闭车辆灌装口，装卸作业人员加封闭标签。经检查确认，汽车罐车与装卸栈台连接管、导静电线等连按件完全分离后，放行车辆驶离装卸栈台。

⑧ 禁止使用软管装卸液化烃，禁止待装卸作业车辆集中于装卸场地等待；禁止装卸完后的车辆在装卸场地逗留；禁止无关人员进入装卸作业现场；禁止一切点火源进入作业现场；严禁全天 24 小时连续装卸作业。

⑨ 尽量避免夜间(20：00 后)装卸作业，确因地方政府道路交通要求或企业生产需要夜间装卸作业，生产企业和专业公司要共同研究，加强现场监护、应急检修人员与物资的配备和夜间照明，制定夜间装卸车专项应急处置方案。

⑩ 凡遇有下列情况之一的，不得进行装卸作业。

——遇到雷雨、风沙等恶劣天气。

——附近有明火、装卸区内设备和管道出现异常工况等危险情况。

——液化烃汽车罐车或者其安全附件、装卸附件等出现异常。

——发现或检测出气体泄漏。

——其他不安全因素。

（2）运输作业安全要求：

① 陆运

汽车罐车。具备危险化学品运输营运证，移动式压力容器使用登记证，配备 GPS 定位仪，车辆危险警示标志灯、标志牌等完好，车辆按规定进行定期检验、检测并合格有效。驾驶员、押运员应持有驾驶员危险化学品从业资格证。

② 水运

装卸作业前，船岸双方对作业方案、联系协调、应急处置等达成书面一致意见。船员应持有危险化学品从业资格证，临水作业人员应经海(水)上求生、消防、急救等专业技能培训。

③ 铁路

铁路罐车。具备过轨协议、许可证，经专业部门检定有效，罐体及罐车附件情况良好。

2. 危险化学品有哪些管理要求？

（1）企业应当建立危险化学品管理台账，明确危险化学品的种类、数量、分布情况等信息，并列出重点监管、易制毒、易制爆、剧毒化学品及高毒物品目录。

（2）企业外购的产品应当获取安全技术说明书，相关人员应当掌握所购买危险化学品的安全信息。

（3）企业应当为所生产的危险化学品出具安全技术说明书，说明书的内容和形式应当符合国家相关标准的要求。

（4）企业应当加强对生产过程中间产品的监控与管理，属于危险化学品的应当严格落实危险化学品安全管理要求，并纳入危险化学品台账管理。

（5）企业应当建立、健全危险化学品的安全操作规程，相关操作人员和管理人员需培训合格后方可上岗。

（6）企业应当根据所使用的危险化学品的种类、危险特性、使用量和使用方式，配备相应的个人防护装备。

（7）企业应当严格审核危险化学品承运方的相关资质，相关人员和运输车辆（船舶）应当符合危险化学品运输安全要求，所托运危险化学品的相关安全信息应当告知承运方。

（8）企业应当加强对所使用的国家重点监管危险化学品的安全信息收集，建立和完善危险化学品的稳定性、反应活性、燃爆性等技术参数的档案，落实全过程安全措施，确保安全风险受控。

3. 易制毒、易制爆、剧毒化学品及高毒物品有哪些管理要求？

（1）企业应当严格管理易制毒、易制爆化学品的采购和销售，按公安机关的要求办理相关手续，确保易制毒、易制爆化学品的来源和去向明晰，相关人员和机构可追溯。

（2）企业应当加强对剧毒化学品和高毒物品生产使用及废弃的全流程安全监管，跟踪每个环节，建立接触人员的档案信息，防止发生剧毒化学品和高毒物品丢失、被盗及人员中毒事故。

（3）剧毒化学品应当在专用仓库内单独存放，并实行双人收发、双人保管制度；购买剧毒化学品的企业应当具有购买许可证，运输剧毒化学品的企业应当具有道路运输通行证。企业不得向个人销售剧毒化学品（属于剧毒化学品的农药除外）和易制爆危险化学品。

4. 危险化学品的废弃处置要求有哪些？

（1）企业应当加强危险化学品废弃处理的安全监管，对停用设施内的危险化学品应当及时有效处置。

（2）相关部门按照禁忌、危险类别、固液分开要求将废弃危险化学品收集于危险废弃物临时储存处，禁止随意排放倾倒。容器上粘贴统一标识，填写名称、主要成分等内容。

（3）废弃危险化学品达到一定量时，联系有资质的单位进行处置。

5. 危险化学品的安全说明书（SDS）应包含哪些内容？

（1）化学品及企业标识。主要标明化学品名称、生产企业名称、地址、邮编、电话、应急电话、传真和电子邮件地址等信息。

（2）成分与组成信息。标明该化学品是纯化学品还是混合物。纯化学品，应给出其化学品名称或商品名和通用名。混合物，应给出危害性组分的浓度或浓度范围。无论是纯化学品还是混合物，如果其中包含有害性组分，则应给出化学文摘索引登记号（CAS 号）。

（3）危险性概述。简要概述本化学品最重要的危害和效应，主要包括：危害类别、侵入途径、健康危害、环境危害、燃爆危险等信息。

（4）急救措施。指作业人员意外地受到伤害时，所需采取的现场自救或互救的简要处理方法，包括：眼睛接触、皮肤接触、吸入、食入的急救措施。

（5）消防措施。主要表示化学品的物理和化学特殊危险性，适合灭火介质，不合适的灭火介质以及消防人员个体防护等方面的信息，包括：危险特性、灭火介质和方法，灭火注意事项等。

（6）泄漏应急处理。指化学品泄漏后现场可采用的简单有效的应急措施、注意事项和消除方法，包括：应急行动、应急人员防护、环保措施、消除方法等内容。

（7）操作处置与储存。主要是指化学品操作处置和安全储存方面的信息资料，包括：操作处置作业中的安全注意事项、安全储存条件和注意事项。

（8）接触控制/个体防护。在生产、操作处置、搬运和使用化学品的作业过程中，为保护作业人员免受化学品危害而采取的防护方法和手段。包括：最高容许浓度、工程控制、呼吸系统防护、眼睛防护、身体防护、手防护、其他防护要求。

（9）理化特性。主要描述化学品的外观及理化性质等方面的信息，包括：外观与性状、pH 值、沸点、熔点、相对密度（水 = 1）、相对蒸气密度（空气 = 1）、饱和蒸气压、燃烧热、临界温度、临界压力、辛醇/水分配系数、闪点、引燃温度、爆炸极限、溶解性、主要用途和其他一些特殊理化性质。

（10）稳定性和反应性。主要叙述化学品的稳定性和反应活性方面的信息，包括：稳定性、禁配物、应避免接触的条件、聚合危害、分解产物。

（11）毒理学资料。提供化学品的毒理学信息，包括：不同接触方式的急性毒性（LD_{50}、LD_{50}）、刺激性、致敏性、亚急性和慢性毒性，致突变性、致畸性、致癌性等。

（12）生态学资料。主要陈述化学品的环境生态效应、行为和转归，包括：生物效应（如 LD_{50}、LD_{50}）、生物降解性、生物富集、环境迁移及其他有害的环境影响等。

（13）废弃处置。是指对被化学品污染的包装和无使用价值的化学品的安全处理方法，包括废弃处置方法和注意事项。

（14）运输信息。主要是指国内、国际化学品包装、运输的要求及运输规定的分类和编号，包括：危险货物编号、包装类别、包装标志、包装方法、UN 编号及运输注意事项等。

（15）法规信息。主要是化学品管理方面的法律条款和标准。

（16）其他信息。主要提供其他对安全有重要意义的信息，包括：参考文献、填表时间、填表部门、数据审核单位等。

3.5 设备设施管理

1. 什么是设备完整性管理？

（1）设备完整性就是指设备在物理上和功能上是完整的，设备处于安全可靠的受控状态，完整性管理则是确保主要运行设备在使用年限内符合其预期用途的必要活动的总和。

(2) 设备的完整性是反映设备效能的综合特性，是安全性、可靠性、维修性等设备特性的综合，设备的完整性管理体系是在设备设计、制造、安装、使用、维护等全寿命周期管理过程中采用系统性方法，以最低的成本费用实现设备完整性的目标，促进相关方(供应商、承包商、检修单位、用户等)进行合作，满足对设备效能、安全运行、经济性及环保的要求。

(3) 设备完整性管理是管理体系与技术方法的结合，带来管理的创新，也将促进众多有利实体技术的应用。设备完整性管理既包括各种具体技术和分析方法，又涵盖了系统的管理方法，环环相扣、缺一不可，形成一个完善的技术管理系统。

2. 设备完整性管理的优势是什么?

(1) 大幅提高设备可靠性，规避重大安全事故，改善健康、安全及环保绩效。

(2) 以最优化的方式使得全寿命周期设备管理成本达到最小。

(3) 提升企业管理水平，提高公司声誉，促进可持续与健康发展。

3. 炼化企业推行设备完整性管理的意义是什么?

(1) 设备完整性管理是一种未雨绸缪的设备管理模式，运用先进的风险工程学理念，规避安全事故，确保设备达到最优化的安全与经济运营状态，设备完整性管理为企业提供了一个系统、完整的管理体系来规划、监控风险，制定严格有效的风险应对计划来降低风险带来的影响。增强控制和管理风险的能力。

(2) 目前，传统管理与经验型管理占主流，完整性管理理念在企业仍然没有被普遍接受，但设备完整性管理作为一种设备管理的新思路新体系，因为其在可靠性、安全、成本管理甚至能效环保方面所体现的优点，值得炼化企业进行有益的尝试。全面丰富设备管理的内涵，提升企业竞争力。

(3) 随着质量管理体系、HSSE 体系的深入贯彻和执行，且我国正着手采标 ISO 55000 资产管理体系，炼化企业作为资产密集型企业，未来实行体系化的设备资产管理，以及进一步与 HSSE 体系深度融合成一体化管理体系将成为必然趋势，企业应重抓风险管理，尽早开展设备完整性管理的实践。

(4) 某一个或几个单体的设备管理工具或者技术的使用并不是设备完整性管理。当前国内外知名石化企业都已开展设备完整性管理工作，但对于炼化设备的完整性管理并无统一标准或者格式。设备完整性管理应该是要利用体系化、系统化的思维并结合本企业的实际情况，形成能够适应我们中国石化的完整性管理体系，因而需要更多的集团公司所属企业参与研究与实践。

4. 石化企业的安全设施有哪些？

安全设施，是指企业(单位)在生产经营活动中将危险有害因素控制在安全范围内以及预防、减少、消除危害所配备的装置(设备)和采取的措施。

安全设施分为预防事故设施、控制事故设施、减少与消除事故影响设施 3 类。

(1) 预防事故设施

① 检测、报警设施

——压力、温度、液位、流量、组分等报警设施。

——可燃气体、有毒有害气体等检测和报警设施。

——用于安全检查和安全数据分析等检验、检测和报警设施。

② 设备安全防护设施

——防护罩、防护屏、负荷限制器、行程限制器、制动、限速、防雷、防潮、防晒、防冻、防腐、防渗漏等设施。

——传动设备安全闭锁设施。

——电气过载保护设施。

——静电接地设施。

③ 防爆设施

——各种电气、仪表的防爆设施。

——阻隔防爆器材、防爆工器具。

④ 作业场所防护设施

作业场所的防辐射、防触电、防静电、防噪声、通风(除尘、排毒)、防护栏(网)、防滑、防灼烫等设施。

⑤ 安全警示标志

——各种指示、警示作业安全和逃生避难及风向等警示标志、警示牌、警示说明。

——厂内道路交通标志。

(2) 控制事故设施

① 泄压和止逆设施

——用于泄压的阀门、爆破片、放空管等。

——用于止逆的阀门等。

② 紧急处理设施

——紧急备用电源、紧急切断等。

——紧急停车、仪表联锁等。

(3) 减少与消除事故影响设施

① 防止火灾蔓延设施

——阻火器、防火梯、防爆墙、防爆门等隔爆设施。

——防火墙、防火门等。

——防火材料涂层。

② 灭火设施

——灭火器。

——消火栓、高压水枪、消防车、消防管网。

——消防站等。

③ 紧急个体处置设施

——洗眼器、喷淋器。

——应急照明等。

④ 逃生设施

——逃生安全通道(梯)。

⑤ 应急救援设施

——堵漏、工程抢险装备。

——现场受伤人员医疗抢救装备。

⑥ 劳动防护用品的装备

——头部、面部、视觉、呼吸、听觉器官、四肢、身躯防火、防毒、防烫伤、防腐蚀、防噪声、防光射、防高处坠落、防砸击、防刺伤等免受作业场所物理、化学因素伤害的劳动防护用品和装备。

5. 设备完整性体系和HSSE管理体系的关系?

中国石化设备完整性管理体系及相关设备管理制度，是在中国石化标准化制度体系框架下构建的，与中国石化HSSE制度体系是一致的。设备完整性管理作为设备设施管理要素中二级子要素，与设备设施相关的风险辨识与评估、变更管理等内容，可在HSSE管理体系中的“风险识别与评估”“变更管理”等相关要素中体现，在“设备设施管理”要素中设备完整性管理主要说明主责部门、主要职责和重点关注内容即可。具体要求在设备完整性管理制度中加以体现。

6. 管道完整性体系如何融入HSSE管理体系?

(1) 企业应当根据企业应当根据国家能源局发布的《油气输送管道完整性管理体系建设导则》，将管道完整性管理涉及的要素内容与HSSE管理体系有机融合，并在HSSE管理体系框架下开展完整性管理工作。

(2) 管道完整性管理是企业HSSE管理体系安全方面的支持体系，是HSSE管理体系的子系统，应将管道完整性管理体系文件统一到HSSE管理文件体系中，通过HSSE体系贯彻实施。通过体系要素对比，将相近的要素进行融合描述，对不相近或不能融合的管理要素可独立体现，体系融合后，对各项工作职责做出相应的划分调整，保证职责清晰，对体系中重合的工作应明确归口责任部门，避免重复工作或遗漏，管理混乱。

（3）HSSE 管理体系中 HSSE 组织、HSSE 责任、社会责任、依法合规要求、人员与培训、变更管理、应急管理、观察、检查与审核等要素应包括管道完整性管理的内容。数据采集与整合、高后果区识别、风险评价、完整性评价、风险消减与维修维护、效能评价六个要素是实现管道完整性管理的核心要素，应分别建立管理文件作为 HSSE 管理体系的支持性文件，其中，效能评价可以和 HSSE 管理体系审核、绩效评价与考核工作合并进行。

7. 环保设施管理应注意哪些内容？

（1）企业应将环保设施纳入生产经营管理系统统一调度管理。

（2）企业（装置）生产负荷应与污染治理设施的处理能力相匹配。

（3）环保设施因故障停运，或环保设施停运或废弃，应按要求向地方生态环境行政主管部门报备。

（4）环保设施的处理能力、处置效果等应定期评价，优化调整运行方式，促进节能经济运行。

8. LDAR 的管理应注意哪些内容？

（1）泵、压缩机、阀门、开口阀或开口管线、气体/蒸气泄压设备、取样连接系统每 3 个月检测一次；法兰及其他连接件、其他密封设备每 6 个月检测一次；对于挥发性有机物流经的初次开工开始运转的设备和管线组件，应在开工后 30 日内对其进行第一次检测。

（2）挥发性有机液体流经的设备和管线组件每周应进行目视观察，检查其密封处是否出现滴液迹象。

（3）当检测到泄漏时，在可行条件下应尽快维修，一般不晚于发现泄漏后15日。

（4）首次(尝试)维修不应晚于检测到泄漏后5日。首次尝试维修应当包括(但不限于)以下描述的相关措施：拧紧密封螺母或压盖、在设计压力及温度下密封冲洗等。

（5）若检测泄漏后，在不关闭工艺单元的条件下，在15日内进行维修技术上不可行，则可以延迟维修，但不应晚于最近一个停工期。

（6）泄漏检测应记录检测时间、检测仪器读数；修复时应记录修复时间和确认已完成修复的时间，记录修复后检测仪器读数，记录应保存1年以上，并在环保信息系统录入。

3.6 施工作业管理

1. 检修项目施工安全管理要求有哪些？

（1）施工单位提前与项目所属单位进行对接，内容包括项目告知和安全交底。

（2）施工单位根据项目所在单位安全交底情况，编制施工方案，先报施工所在单位审批，再报监理和相关职能部门审批。

（3）施工单位组织项目所有管理、作业人员参加公司的一级安全教育办理“出入证”，再与项目所在单位联系进行二级安全教育，确保人人接受安全教育，项目所在单位负责核对、监督。

（4）施工单位凭项目所属单位、监理、项目管理部门联合签发的《工程项目开工HSSE许可证》办理作业票，项目所属单位作业票签发人负责查验。

（5）在生产区内分散的施工点，必须落实现场安全措施，加强监护。相对集中的施工地点，由施工单位搭设硬隔离，施工周期超过一个月的项目还要在显要位置设置“五板一图”，项目所属单位进行验收，并派专人监护。

（6）安全管理人员、值班干部每天到各施工现场巡视，查找隐患，查处违章行为，分别在安全检查台账和值班本上进行记录。

（7）凡涉及可能影响生产装置、罐区安全运行的重大风险作业，施工单位制定专门的施工方案，采取切实可行的安全措施，并报项目所属单位审核，部门会签。

（8）各项目所属单位在确保生产安全必须的岗位人员情况下，保证各作业现场的安全监护力量。各项目所属单位安全部门每周组织一次施工现场联合检查，并定期派人参加各项目施工例会通报安全检查、考核情况，提出安全管理要求。

2. 停工检修准备包括哪些内容？

（1）停工大检修前，成立装置停工领导小组，统一计划、统一指挥，建立安全环保保证体系，明确分工，各负其责。

（2）停工检修项目做到五定，即：定检修方案；定检修人员；定安全措施；定检修质量；定检修制度。

（3）重点项目或危险性较大的项目制定具体的专项安全措施，指派专人担任安全负责人，开展危害识别、风险评估和环境因素分析，通过分析制定安全、环保、健康措施并组织落实，办理作业许可证，监护到位，确保作业安全。

（4）所有参加检修的单位进入检修施工现场前，组织技术人员对起重机械、机具、用电设备设施进行全面的安全检查，并做好检查记录，对不符合国家标准、安全设施不齐全、不完好的设备，不得进入检修施工现场。设备必须按规定要求摆放。

（5）制订停工、检修、开工方案与危害识别及措施、盲板表等应经职工讨论，由主管领导批准，书面公布，严格执行。

（6）检修的外委施工项目，由主管单位指定专人负责向施工单位进行检修项目的技术交底，协商制定施工安全方案和安全措施，监督实施，及时协调施工中出现的安全问题。

（7）所有参加检修的外来施工人员经安全环保部门统一进行安全环保教育，考试考核合格。检修单位要组织参加检修的人员（包括实习生、代培工、外来人员）进行专项安全环保教育，内容包括安全环保意识、行为规范、规章制度、污染防治措施、安全操作规程以及事故案例等，有禁忌证者不得从事有关作业。

（8）工程主管单位严格审查外来施工单位的施工资质，并经安全环保部门审查安全环保资格，办理施工登记手续，方可发包工程。不得向证件不齐全、无施工经历、管理混乱的单位发包工程。工程承包合同必须包含有关安全环保条款，明确双方的安全环保责任。对危险区域的工程项目、重点工程项目要制订详细的安全措施，工程主管部门做到管施工必须管安全，施工员要加强对施工、检修作业过程的监督检查，及时制止违章作业，消除不安全因素。

（9）各单位检修前选派熟悉生产、责任心强的职工担任检修期间危险作业的安全监护工作，并经教育培训合格，持证上岗。

（10）企业应编制与开停工、检维修方案相衔接的环保方案，明确污染物排放环节、时间、种类，以及污染物排放控制标准、控制措施和监测计划等，并按要求向地方生态环境行政主管部门报备。在开停工及检维修期间，各企业应加强装置开停工及检维修过程中的环保管理，确保污染物受控达标排放，固体废物合规处置，杜绝环境污染事件和扰民事件的发生。

3. 哪些作业需要实行作业许可管理？

（1）凡涉及用火、临时用电、进入受限空间、高处、动土、起重和盲板抽堵等作业必须实行作业许可管理。

（2）企业生产经营过程中高风险的非常规作业必须实行许可管理。

（3）承包商在企业生产区域内的其他临时性作业（日常及有程序指导的维修作业除外）必须实行许可管理。

（4）经风险识别，确认存在较大以上风险的其他作业项目。

4. 哪些作业需要进行作业安全分析(JSA)?

以下作业活动在开展之前必须进行作业安全分析:

(1) 集团公司规定的特殊作业。

(2) 各事业部、专业公司、企业规定的其他需要办理作业许可的高风险作业，如设备堵头(封头)拆卸、设备清洗、非常规采样点采样、直接接触放射源(酸、碱)、长输管道清管以及高温、高压、易燃易爆、高毒等介质临时接管线等。

(3) 非常规作业(无制度或操作规程的)。

(4) 临时性作业。

(5) 变更的作业。

(6) 交叉作业。

(7) 长时间没有操作的设备作业。

(8) 长时间未进行作业的区域内作业。

(9) 作业过程中对异常情况进行处理的作业。

特殊作业中断后，如未发生变更，作业现场负责人进行危害分析签字确认后，继续进行该作业活动时可参考已有的作业安全分析结果。

5. 中国石化对现场施工有哪些具体的安全要求?

(1) 施工现场应实行封闭管理，所有人员和车辆进出现场大门必须持有有效证件。长输管道建设等施工现场无法做到封闭化管理的，应设置警示带，划定警戒区，杜绝闲杂人员和车辆的进出。

(2) 施工人员进入生产运行、工程建设现场，应穿戴符合相关安全要求的劳动防护用品。

(3) 施工人员进入生产区施工作业，只能在规定的作业区域进行施工活动，不得擅动建设单位的设备设施，未经许可不得擅自进入其他区域和场所。

(4) 两个及以上承包商在同一作业区域内作业、可能危及对方生产安全的，项目主管部门应明确工作边界，协调承包商之间签订安全管理协议，明确各自的安全生产管理职责和应当采取的安全措施，并指定专职安全生产管理人员进行安全检查与协调。

(5) 边生产、边施工作业应开展安全风险分析，制定严格的作业程序和安全措施。

(6) 安装、拆卸施工起重机械及脚手架等设施，必须编制专项施工方案，经监理单位审查、建设单位批准后严格按照方案执行，经检验合格后办理验收手续。

(7) 施工过程中，应定期核查承包商项目经理、安全管理人员、现场技术负责人、特种作业人员、特种设备作业人员和关键工种人员是否与投标文件中承诺的人员相一致，并检查持证情况。当发现无证上岗时，应立即清出施工现场。

(8) 安全环保督查大队对承包商施工现场实施全覆盖、全天候安全环保督查。

(9) 特殊作业以及重要的、危险性较大的施工现场必须实施全程视频监控。

(10) 鼓励重点工程建设及大检修项目实施“第三方安全监督服务”。

(11) 推行安全行为指数(SAI)做法，对作业行为进行量化管理。

(12) 建设单位应与承包商建立信息沟通机制、安全例会机制，及时通报安全信息、协调解决施工过程中的安全问题。建立应急联动机制，定期开展联合应急演练。

6. 中国石化对现场施工有哪些具体的环保要求？

(1) 施工过程产生的各类污染物要确保达标、合规处置，落实“六个百分百”要求：

① 施工工地周边100%围挡。

② 物料堆放100%覆盖。

③ 出入车辆100%冲洗。

④ 施工现场地面100%硬化。

⑤ 拆迁工地100%湿法作业。

⑥ 渣土车辆100%密闭运输。

(2) 严格建筑、作业施工尤其是夜间施工的管理，应采取有效措施防止施工作业噪声对环境产生污染。

7. 中国石化对特殊作业安全监督管理要求有哪些？

特殊作业安全监督管理应满足以下要求：

(1) 对用火、进入受限空间、高处作业等特殊作业必须强化作业许可申请人、签发人、接收人(施工单位的现场负责人或安全负责人、技术负责人)、监护人的责任落实，强化风险分析和安全措施的落实确认。

(2) 施工作业过程中，签发人、接收人对作业全面负责，双方的监护人应在现场全程值守。

(3) 申请人、签发人、接收人、监护人必须经过建设单位安全管理部门组织的作业许可管理培训，取得合格证书。

(4) 开票前，签发人必须会同申请人、接收人针对现场和作业过程中可能存在的危害因素运用JSA等方法进行风险分析，制定相应的作业程序及安全措施。

(5) 施工前，签发人会同承包商的现场负责人及有关专业技术人员、监护人，对现场作业的设备、设施进行现场检查，对作业内容、可能存在的风险以及施工作业环境进行交底，对许可证列出的有关安全措施逐条确认后，现场签发作业许可证。

(6) 开始作业前、施工完毕后，应及时报告生产调度(运行)部门。

(7) 作业完毕，经签发人现场检查，确认无遗留安全隐患后，办理作业票关闭手续。

（8）非常规作业要开展风险分析，风险大的作业要参照特殊作业管理规定执行。

（9）鼓励实施电子作业票。

3.7　承包商管理

1. 加强承包商管理的措施有哪些？

（1）安全管理措施

① 合理设定工期，不得擅自压缩的要求；并对工期调整后要论证、评估提出明确要求。

② 安全培训及安全技术交底要分阶段持续开展。根据不同施工阶段的风险特点，对承包商施工作业人员开展分阶段的安全培训，安全技术交底也要分阶段进行。JSA 组长、特殊作业许可接收人及监护人培训不合格，不允许施工。

注：首次提出“接收人”的概念，提高承包商自主管理能力。接收人要求是施工单位的现场负责人或安全负责人、技术负责人，接收人须经过建设单位安全管理部门组织的作业许可管理培训等资格培训和认定，并取得合格证书

③ 严格执行合同中对项目经理、安全人员、工程监理、第三方安全监督服务人员、特种作业人员、特种设备作业人员和关键工种人员等的资质、资格要求，不得擅自更换人员。人员资质、技能等不能满足施工要求或合同约定的，要及时更换并报备。项目经理不得擅自离开现场。

④ 定期召开承包商安全会议，开展承包商安全检查，督促整改发现的问题。对施工作业现场安全检查中发现的问题，企业要即查即改、即查即处理，所有问题要实现闭环管理。事故处理要按照“甲乙同责”的原则，追究企业、第三方安全监督服务单位或第三方工程监理单位的责任。

（2）安全技术措施

① 对所有施工作业人员实现有效的身份确认。在危险区域施工，禁止颁发长期有效的进厂(场)证、出入证。施工结束，出入证收回；

② 施工作业现场要封闭化管理，危险性较大的区域要有硬隔离措施并实施全程视频监控。施工作业场地严禁堆放杂物，特别是易燃易爆物品，施工过程中产生的易燃垃圾必须及时清除，做到工完、料净、场地清。

③ 在密闭空间表面(如罐体外)及联通处的施工，必须对内部环境、物料等进行安全确认后，方可组织施工作业。

④ 施工作业安全措施的确认必须明确时效性，作业中断后再次作业时，必须对安全措施进行再次确认。施工机具、设备设施要进行日常性检查。

⑤ 对用火、进入受限空间、高处作业等特殊作业，要提高预制深度，减少高危作业的总人数、频次和时间，并使用视频监控系统进行动态巡检、监控。不可避免的交叉作业，应采取错时、错位、硬隔离的工程技术措施进行防控。

（3）安全考核措施

① 特殊作业、探伤、深基坑、钢格板安装、脚手架搭拆、设备拆除以及其他处于高危区域的作业过程中，违章作业人员立即清除出场，所在单位停工整改，确认整改完毕后，方可复工。

② 无资质、套牌的承包商一经查出，永久停止在中国石化的承包商资格。

③ 所有承包商事故均提级管理。转包、违法分包、挂靠或者超资质范围的，将被列入承包商"黑名单"。

④ 对发现的重复性安全问题要加重处罚。

⑤ 积极组织承包商员工参与安全诊断活动，开展优秀承包商及员工的评比活动，对发现问题、隐患及在评比活动中表现优秀的，及时予以奖励。

2. 承包商的安全资质评审内容有哪些？

承包商安全资质评审应重点关注以下几个方面：

（1）政府部门颁发的安全生产许可证情况；

（2）HSSE管理体系或安全管理体系、安全生产标准化的建立及运行情况。

（3）主要负责人、项目负责人、专职安全生产管理人员取得政府部门颁发的安全生产考核合格证书情况，特种作业人员和特种设备作业人员持证情况。

（4）近三年的安全业绩情况（主要包括安全事故率、损失工时率、总伤害率及事故简要描述等）。

（5）总承包单位负责分包商施工资质和安全资质审查，并报建设单位批准或备案。

3. 企业对承包商的监管责任主要有哪些？

承包商安全环保监督管理工作遵循“谁发包谁负责”“谁用工谁负责”“谁的属地谁负责”的原则。

（1）企业工程管理、设备管理等职能部门职责：

——企业工程管理、设备管理等职能部门（以下统称项目主管部门）是业务范围内承包商的专业安全环保管理部门，对项目承担专业安全环保监管的主体责任。

——组织业务范围内承包商的安全资质、能力的审查。

——组织招标文件中安全环保保证措施要求的编制。

——组织签订安全生产管理协议和环保管理协议。

——组织监理审查承包商施工组织设计中的安全技术措施、环境保护措施、危险性较大的分部分项工程中的专项施工方案。

——组织监理对重大设计变更、工期调整等重要影响因素进行论证和评估，制定相应的保障措施。

——组织监理对承包商特种作业人员和特种设备作业人员、工程需要的其他人员的业务技能进行现场考评。

——负责落实项目安全防护和环保措施费用的使用，做到专款专用。

——负责按照计划进度组织施工。

——负责施工现场的日常安全环保监督管理。

——负责施工现场环保方案中污染防治措施的落实。

——组织对承包商编制的施工现场生产安全事故应急预案进行评审，组织承包商开展应急演练。

——参与承包商生产安全事故的调查、处理。

——负责将承包商安全环境绩效纳入综合考核。

（2）企业 HSSE 管理部门职责：

——企业 HSSE 管理部门是承包商 HSSE 监督归口管理部门，应设置承包商 HSSE 监督管理专(兼)职岗位。

——负责制定本企业承包商 HSSE 监督管理制度，并监督检查落实情况。

——参加承包商 HSSE 资质审查。

——参加项目安全技术措施、环境保护措施或专项施工方案的审查。

——招标文件和合同会审时，负责审核安全保证措施、安全生产管理协议和环保管理协议。

——参与承包商安全防护措施费用、脚手架费用和环保费用拨付的会签。

——参与重大设计变更、工期调整等重要影响因素的论证和评估。

——组织承包商员工入厂(场)HSSE 教育、管理人员专项 HSSE 培训考核。

——负责特殊作业许可申请人、签发人、监护人、接收人的资格培训和认定。

——参加承包商生产安全事故应急预案的评审，指导承包商开展应急演练。

——组织承包商生产安全事故的调查与处理。

——组织安全环保督查大队，按程序与要求对施工现场开展全方位安全环保督查工作。

——负责对承包商进行安全环境绩效考核。

4. 监理单位的 HSSE 职责有哪些？

明确项目监理单位职责，强化项目监理单位的履职要求，项目监理单位职责主要包括：

(1) 负责对所承担工程监理工作进行全过程的安全环保监督，履行监理职责。

(2) 根据建设项目规模、施工阶段及安全管理风险度，配备总监理工程师、总监理工程师 HSSE 代表，按比例配足资质、专业背景、管理经验符合要求的专业监理工程师，将 HSSE 管理责任落实到人。

(3) 负责编制 HSSE 监理计划，明确监理的范围、内容、方法和措施等内容，并报建设单位批准。

(4) 组织安全技术措施、环保措施、专项施工方案的审查，进行重大危险源和环境因素分析，编制项目旁站计划并实施。

(5) 负责对承包商进场机具设备进行检查、验收。

(6) 监督检查施工过程中各项技术和管理措施的落实。

(7) 未实施工程监理的项目，其职责由建设单位项目管理部履行。

5. 承包商的 HSSE 职责有哪些？

承包商对本单位的 HSSE 管理工作承担主体责任，负责本单位人员、设施、行为、现场等方面的安全环保管理工作，并履行下列职责：

(1) 按照有关规定建立 HSSE 管理机构，配备专(兼)职 HSSE 管理人员，建立健全 HSSE 责任制、管理制度和操作规程，实行安全环保生产标准化管理。

(2) 配备满足承包工程所需要的工程技术人员。

(3) 主要负责人和 HSSE 管理人员应当具备相应的 HSSE 知识和 HSSE 管理能力，从事高危险行业的还应当具有相应的安全资格证；特种作业人员应具有特种作业操作证。

（4）落实建设单位提出的环境保护职责，确保生态保护和污染防治措施有效实施。

（5）对外协工进行安全生产、环境保护的教育培训，并接受公司外包合同管理与现场管理单位的安全生产、环境保护业务培训与指导，保证作业人员具备必要的安全生产和环境保护知识，熟悉有关安全生产管理制度和安全操作规程，掌握本岗位的安全环保操作技能，经考试合格方可上岗。

（6）编制的生产施工方案应当具有安全技术措施和环保措施，并报公司属地现场管理单位审查同意后方可开工作业。

（7）保障工程项目安全环保投入的有效实施。对列入承包工程项目概算或承包合同的安全费用，应当足额用于安全环保教育培训、个体劳动防护以及现场安全环保措施等。

（8）建立外协用工档案，并将为外协工缴纳的工伤保险、有关法规规定的相关资格证件的证明材料，报公司合同与属地管理单位备案。承包单位的外协工发生变动时，应及时向公司合同与属地管理单位报告。

（9）按规定和协议要求对作业场所的职业危害进行防治，保障外协工职业健康。

（10）告知外协工承包工程项目作业场所的危险有害因素、安全防范措施，有关安全生产注意事项，以及事故应急处置措施等须知内容。

（11）为外协工提供符合国家标准或者行业标准的个体防护用品。

（12）安全有关规定定期对外协工进行职业健康体检，建立职业健康档案。

（13）加强对特种设备的安全检查与管理，定期进行检测检验，建立特种设备档案，并报公司属地管理单位备案。

6. 招投标管理和承包合同中应包括哪些内容？

（1）招投标强调了过程安全管理，从源头把控安全，主要包括：

① 招标文件中应明确提出安全保证措施的要求。

② 招标文件中应明确提出工程分包控制措施的要求。

③ 招标文件中应明确提出特殊作业及危险性较大的施工现场必须配备安全视频监控设施的要求，安全防护措施费用单列、专款专用的要求。

④ 招标文件中应明确提出对施工过程中存在的危害因素进行风险分析，制定安全措施和应急预案的要求。

⑤ 招标文件中应明确提出现场管理人员、特种作业人员的配备要求。

⑥ 技术标中的安全保证措施内容所占分值不得低于技术标总分值的25%，安全风险较大的工程(改建、大修、检维修工程、探井、预探井、边生产边施工项目等)应提高比例。

(2) 承包合同中主要包括以下内容：

① 合同中应约定：开工前，承包商必须根据工程项目安全施工的需要，对参加项目的所有员工进行安全培训，并将培训和考试记录报送建设单位备查。

② 合同中应明确对参与施工人员工种及技能的要求，主要施工机具设备的种类、规格、性能要求，以及分包项目内容与管理的要求。

③ 合同中应包括施工过程中应采取的环保措施及满足的环保要求。

④ 合同中应明确参与项目建设的项目负责人、安全负责人、环保负责人、质量负责人、施工负责人名单，不得擅自更换。明确特种作业人员和关键工种人员的资格要求、报审程序，进场前报项目主管部门审查。

⑤ 合同中应根据当地建筑市场或本企业项目管理的能力，明确脚手架工程和大型特殊设备吊装工程的管理或分包的方式。

⑥ 合同中应明确安全防护措施和脚手架计费标准及费用使用审批方式，确保专款专用。

⑦ 合同中应约定：开工前，承包商必须提交项目现场的危险性较大的分部分项和超过一定规模的危险性较大的分部分项工程清单。

⑧ 签订工程合同时应同时签订安全生产管理协议和环保管理协议，将其作为合同附件。

7. 现场检查监督重点关注的内容有哪些?

承包商的现场 HSSE 检查监督应重点关注以下几个方面:

(1) 检查、记录承包商的 HSSE 表现和现场管理状况,并将整改意见和要求反馈给承包商。

(2) 协调承包商之间的作业活动,避免立体交叉作业,为其创造安全作业的环境、条件。

(3) 督促或协助承包商进行事件调查或事件调查,组织进行经验、教训共享。

(4) 检查承包商作业全过程 HSSE 管理实施计划的执行情况。

(5) 检查承包商对应急预案的理解及执行情况。

(6) 检查建设项目 HSSE 设施的施工安装情况,保证其完整性和有效性。

(7) 检查建设项目操作高度、空间、位置、防护等人机工程的匹配情况。

(8) 定期召开 HSSE 会议,通报信息,提出要求,规范现场管理。

(9) 建立奖惩制度,激励承包商人员实现安全施工、绿色施工。

8. 承包商施工作业前需具备哪些安全基本条件?

承包商施工作业前应明确具备的安全基本条件包括:

(1) 人员要求

① 参加项目的承包商所有人员应有(职业)健康体检合格证明,无从事作业所涉及的工作禁忌证,现场施工人员的年龄不应超过法定退休年龄,从事高空作业及特种作业的人员年龄不宜超过 50 周岁,女性不宜超过 45 周岁。

② 参加项目的所有人员已经过当地公安系统进行身份信息采集、比对,防止非法人员进入现场。

（2）培训要求

① 承包商已对参加项目的所有人员进行了安全培训，特种作业人员、特种设备作业人员持有政府部门颁发的“特种作业操作证”“特征设备作业人员证”，并已经建设单位考评、验证。

② 建设单位应对承包商项目管理人员(项目负责人、项目安全管理人员、现场技术负责人)进行专项安全培训，考核合格后方可开工。

③ 建设单位应对承包商参加项目的所有人员进行入厂(场)前的安全教育，考核合格后发给“临时出入证”。

（3）安全交底

① 安全技术措施或专项施工方案已经过监理单位审查、建设单位批准。

② 建设单位现场技术人员已向施工单位负责项目管理的技术人员进行安全技术交底，施工单位技术人员已对有关安全施工的技术要求向施工作业班组、施工人员作出详细说明，并由双方签字确认。

（4）现场确认

① 进场机具设备已由监理单位检查、验收确认；

② 现场的临时设施已按要求建设到位并经项目管理部检查、验收确认；

③ 现场安全标准化工地建设工作符合合同的约定；

④ 自然灾害敏感区域施工的，已制定预防自然灾害安全措施；

⑤ 施工现场已设置安全风险及职业危害告知牌，公布项目存在的安全风险及职业危害因素、防护措施。施工现场的危险部位已按要求设置各种警示标识。

（5）开工手续办理

建设单位、监理单位、施工单位对作业现场共同进行检查，确认已具备安全作业条件后，方可办理开工手续。

9. 承包商管理的相关考核要求有哪些？

承包商管理的相关考核要求主要包括：

（1）承包商在合同履行过程中出现违规行为或者发生人为破坏案（事）件、群体性治安（维稳）事件的，按照或参照《中国石化建设工程市场诚信体系管理办法》的有关规定执行。

（2）建设单位应根据工程特点，制定承包商安全环保考核办法，建立违规处罚、清退机制。

（3）建设单位应建立健全承包商资质及施工人员数据库，动态完善承包商资质信息，将承包商违规处理情况及时录入中国石化安全管理信息系统，定期发布承包商及施工人员黑名单。

3.8 变更管理

1. 变更管理的原则有哪些？

（1）谁主管谁负责、谁变更谁负责、谁审批谁负责的原则。按照业务分管、属地化管理和岗位职责对各自负责领域的变更负责，审批人应对审批的结果负责。

（2）变更应当评估和批准的原则。严禁未经风险评估批准变更，严禁未经批准实施变更。

（3）变更应当降低风险的原则。严格执行中国石化安全风险管理相关规定，变更后不得带来不可接受的风险。

（4）尽可能减少变更的原则。能不变更的不变更，尽量减少紧急变更。

2. 变更管理的流程及主要管理内容有哪些？

变更管理的流程主要包括变更申请、变更风险评估、变更审批、变更实施和变更关闭等环节，各环节主要管理内容如下：

（1）变更申请

① 企业在生产经营过程中生产运行、工艺技术、设备设施、劳动

组织等发生变化，对安全生产或环保工作可能带来影响时，应当首先识别是否属于变更，确定变更类别和变更事项主管部门。

② 变更申请单位(部门)应当按照变更分级要求对变更内容进行核实，确定变更等级，根据变更类别，向相关变更主管部门提出申请。重大环保变更应重新开展环境影响评价。

(2) 变更风险评估

① 变更申请单位(部门)应当成立变更风险评估小组，负责变更的风险评估工作，对评估的结果负责。重大变更可由变更的主管部门负责人担任评估组长，负责组织变更风险评估。

② 一般变更、较大变更可采用专家审查的方式进行风险评估，生产工艺与设备设施的重大变更应当采用 HAZOP、FMEA 等方法进行风险评估。

③ 重大变更的风险评估过程应当满足重大变更评估要求，核实可能涉及的内容和控制措施。

④ 发生变更时，应对其带来的环境影响进行评估，提出对应的防控措施，保证依法合规生产，污染物稳定达标。

(3) 变更审批

① 一般变更由变更申请单位(部门)负责人审批。

② 较大变更由企业变更事项的主管部门负责人审批。

③ 重大变更应当经企业安全总监和相应业务的副总师审核风险管控措施后，由企业分管领导审批。

④ 涉及工程施工的变更，变更审批人应当对风险管控措施进行现场校核。

(4) 变更实施

① 变更应当严格按照变更审批确定的内容和范围实施，变更申请单位(部门)应当对变更实施过程进行管理。

② 变更实施前，变更申请单位(部门)要对参与变更实施的人员进行技术方案、安全风险和防控措施、应急处置措施等相关内容技术交底或培训；重大变更实施前企业应当公示。重大环保变更实施前，应取得环境影响评价批复。

③ 变更投入使用前，变更批准单位应当组织投用前的条件确认。主要确认对变更所涉及的管理、操作和维护人员的培训情况，对相关单位变更告知情况，对变更涉及的管理制度、操作规程、P&ID 图、工艺参数等技术文件和相关信息数据系统修改情况。条件具备后方可投用。

④ 变更实施过程中应当加强风险管控，确保实施过程安全。严格执行作业许可制度，高风险作业应当开展 JSA 分析。

⑤ 需要紧急变更时，应当执行应急处置规定，在风险预判可控的情况下经现场负责人同意先行实施。实施期间应当做好相关技术记录，并及时按变更程序进一步开展风险评估，制定和落实风险管控措施，补办变更审批手续。

(5) 变更关闭

① 变更项目实施完成并正常投用后，由变更申请单位(部门)提出申请，由变更事项批准单位负责变更关闭审核。

② 变更关闭申请单位应收集完整的变更资料，包括变更申请、方案、风险评估及管控措施、培训记录、修改完善的制度以及投用后的运行情况等，提交给变更批准单位审核。

③ 变更项目关闭后，由变更申请单位(部门)纳入正常管理范围进行管理。

④ 变更申请单位(部门)应当将变更台账纳入安全管理信息系统管理，台账内容应当包括变更编号、变更名称、变更类型、变更评估小组成员、变更风险评估结果、变更审批情况、变更关闭等。

(6) 企业应评估变更效果，培训相关人员，对变更管理情况进行定期检查和考核。

3. 生产工艺变更重点关注哪些方面？

(1) 工艺技术的变更。

(2) 原材料的变更。

(3) 联锁、报警的变更。

(4) 应急的变更。

(5) 公用工程的变更。
(6) 开停工统筹。
(7) 钻井工艺变更。
(8) 采油工艺变更。

4. 设备设施变更重点关注哪些方面?

(1) 型式、材料或材质等的变更。
(2) 润滑的变更。
(3) 电气设备的变更。
(4) 仪表设备的变更。
(5) 特种设备的变更。
(6) 常压储罐的变更。
(7) 设备设施的停用。
(8) 安保设施的变更。
(9) 建构筑物的变更。
(10) 测量的变更。

5. 劳动组织变更重点关注哪些方面?

各企业劳动组织变更应重点关注以下内容:
(1) 劳动工作制的变更。
(2) 定岗定编的变更。
(3) 业务外包。
(4) 岗位人员的变更。
(5) 工期变更。

6. 重大环保变更重点关注哪些方面?

(1) 建设项目性质的变更。

（2）建设规模的变更。

（3）建设地点的变更。

（4）采用的生产工艺的变更。

（5）防治污染和生态破坏措施的变更。

3.9 员工健康管理

1. 什么是职业病危害因素？分为哪几类？

（1）职业病危害因素是指劳动者在职业活动中存在的各种有害的化学、物理、生物因素以及在作业过程中产生的其他职业有害因素。

（2）根据《职业病危害因素分类目录》，职业病危害因素可以主要分为粉尘、化学因素、物理因素、放射性因素、生物因素以及其他因素。

2. 健康管理的原则是什么？

健康是指包括职业健康、身体健康和心理健康在内的全面健康。员工健康管理主要包括健康风险识别与评估、健康危险因素监测与管理、劳动保护、工伤与疾病管理、健康保障、健康促进等内容。

（1）依法合规原则。企业和员工应当严格执行国家及驻在国法律法规规定的各项要求，依法履行各自职业病防治、劳动保护等与健康相关的责任。

（2）全员健康、全面健康原则。以职业健康工作为基础，实现全体员工职业健康、身体健康、心理健康的相互促进、同步提高。

（3）源头控制、预防为主原则。注重各种健康危险因素源头管控，优先采用工程措施降低职业性有害因素浓（强）度和员工劳动强度，动态监控重点危险因素和重点场所，促进员工自我健康管理。

3. 什么是职业病危害告知？劳动合同如何履行告知？

（1）职业病危害告知是指用人单位通过与劳动者签订劳动合同、公告、培训等方式，使劳动者知晓工作场所产生或存在的职业病危害因素、防护措施、对健康的影响以及健康检查结果等的行为。

（2）用人单位与劳动者订立劳动合同时，应当将工作过程中可能产生的职业病危害及其后果、职业病防护措施和待遇如实告知劳动者，并在劳动合同中声明，不得隐瞒或者欺骗。劳动者在已订立劳动合同期间因工作岗位或工作内容变更，从事与所订立劳动合同中未告知的存在职业病危害的作业时，用人单位应向劳动者履行如实告知的义务，并协商变更原劳动合同相关条款。

4. 健康风险识别与评估的主要关注点有哪些？

（1）企业应当定期识别员工的职业健康、身体健康和心理健康风险，建立健全主要健康危险因素清单。

（2）企业应当对职业性有害因素、身体健康危险因素和心理健康危险因素进行评估，根据评估结果综合确定纳入日常监测的职业性有害因素和健康管理重点关注人员。

（3）在与员工签订劳动合同或分配工作岗位时，应当告知员工与工作有关的健康危险因素及后果、工作过程中个人应采取的防护措施和应急措施。

5. 企业如何进行职业病危害因素公示？

（1）产生职业病危害的用人单位，应当在醒目位置设置公告栏，公布有关职业病防治的规章制度、操作规程、职业病危害事故应急救援措施和工作场所职业病危害因素检测结果。

（2）对产生严重职业危害的作业岗位，应当在其醒目位置，设置警示标识和中文警示说明。警示说明应当载明产生职业病危害的种类、后果、预防以及应急救治措施等内容。

6. 企业如何开展健康危险因素监测与管理？

（1）企业应当对健康危险因素进行动态监控，及时开展专项排查与综合治理。

（2）企业应当根据评估结果对接触职业性有害因素的场所、岗位开展日常监测，并设置相应的监测人员及配备必要的监测设施设备。

（3）职业性有害因素超标的场所应当采取治理措施，粉尘及毒物宜按目标浓度值进行治理，岗位噪声与设备噪声强度应当进行合理控制。

（4）加强健康检查、心理调查与体质测定管理和健康异常人员的管理。

7. 企业如何进行职业病危害因素监测？

企业应安排人员、配置适宜的监测设备、编制有关监测的规程，对职业危害的工作场所和作业环节进行职业健康危害因素监测，动态掌控职业病危害因素浓(强)度水平和接触限值。

（1）企业每 3 年应进行 1 次职业病危害现状评价。

（2）对作业场所职业病危害因素每年至少进行 1 次职业病危害因素监测，建立职业病危害因素清单，清单中列出产生职业病危害因素地点、浓(强)度和所采取的控制措施。

（3）职业病危害作业岗位：设置监测点，编制监测平面图，规定监测项目和周期，并实施监测。

（4）进行适时的监测：应急监测、事故监测、进入有可能发生职业病危害事故的受限空间设备前监测及隐患点监测。

（5）建立监测档案：建立职业健康监测档案，并及时向员工及其他相关方公布职业病危害因素监测结果。

8. 劳动保护管理主要关注重点有哪些？

（1）企业应当在可能发生职业伤害的场所设置符合标准规范的、安全的、满足员工健康要求的安全设施、职业病防护设施和应急救援设施等劳动保护设施。

（2）企业应当落实接触毒物、粉尘、噪声等职业性有害因素的作业以及采样化验分析作业、夏季室外露天作业、受限空间作业、切割焊接打磨作业、探伤作业等的防护措施与应急救治措施。

（3）作业场所、作业岗位、设备、材料（产品）包装、储存场所等应当按规定设置警示标识，警示标识应醒目、易于阅读和正确理解。

（4）企业应当定期优化劳动组织，提高工作效率，减少加班加点，员工工作时间应当符合国家有关要求。

（5）确需安排员工在职业性有害因素超标环境中作业的，应当采取有效防护措施并对防护措施进行评估，合格后方可作业。

（6）企业应当对个体防护装备的选用、配备、采购、验收、保管、发放、使用、维护保养、更新及报废等实施全过程管理。应当基于防范职业伤害风险选择、配备个体防护装备，提供的个体防护装备应当符合国家和集团公司要求。员工应当正确使用个体防护装备。

9. 哪些场所需要设立职业病危害警示标识并设置告知卡？

（1）《工作场所职业病危害警示标识》（GBZ 158）规定，存在或者产生职业病危害的场所、作业岗位、设备、设施，应当在醒目位置设置图形、警示线、警示语句等警示标识和中文警示说明。警示说明应当载明产生职业病危害的种类、后果、预防和应急处置措施等内容。

(2)《用人单位职业病危害告知与警示标识管理规范》(安监总厅安健〔2014〕111号)进一步规定了安全警示标识的适用场所：产生职业病危害的工作场所，应当在工作场所入口处及产生职业病危害的作业岗位或设备附近的醒目位置设置警示标识。

(3)《使用有毒物品作业场所劳动保护条例》(国务院令第352号)要求：在使用高度物品作业岗位醒目位置设置《职业病危害告知卡》；《职业病危害告知卡》包括有毒物品的通用提示栏、有毒物品名称、健康危害、警告标识、指令标识、应急处理和理化特性等内容。

10. 工伤与疾病管理包括哪些重点内容？

(1) 企业应当建立健全工伤管理制度，规范工伤记录、报告、分析、安置等管理程序，配合政府部门做好工伤管理工作。任何工伤事故(事件)均应进行原因分析和分享，并采取预防措施。

(2) 企业应当及时安排疑似职业病的员工进行诊断，按程序报告。企业应当对职业病的诊断程序、诊断依据进行符合性评估，必要时应当申请鉴定、再鉴定。

(3) 企业应当参照事故调查程序对职业病病例、在岗期间非生产性死亡事件的原因进行个案调查，个案调查报告及时上报安全监管局。

(4) 基层单位应当重点关注心脑血管疾病员工的健康状况，督促员工及时治疗。不宜安排其从事重体力劳动强度、连续加班等易诱发疾病发作的作业，不宜安排有明显心脑血管疾病的员工单独值班。

(5) 对非因工致残和经认定患有难以治疗疾病的员工，企业应当按规定给予一定的医疗期。医疗期满，企业应当安排进行劳动能力鉴定，按国家要求处理劳动关系。

11. 如何对职业病危害因素超标的场所开展整改治理？

企业应对存在职业健康危害的工作场所、作业环节进行控制，确保职业病危害因素的强度或浓度符合国家职业卫生标准，将超标场所纳入隐患进行治理：

（1）不符合的作业场所，立即采取防护措施，提出整改方案，纳入隐患项目治理计划或投资计划进行治理。

（2）严重超标的生产场所，必须停止生产运行，采取补救措施，控制和减少职业病危害。

（3）超标点应进行原因分析、制定、实施整改措施，并对整改措施的有效性进行评价。

（4）对可能发生急性职业病危害的作业场所，按规定设置警示标识、报警设施、冲洗设施、防护急救器具专柜，以及应急撤离通道和必要的泄险区，并定期检查。

12. 健康保障管理的重点内容包括哪些？

（1）更衣室、淋浴室、交接班室、休息室、卫生间、宿舍、餐厅等的设置应满足相关标准规范要求，企业应当定期维护相关设施确保处于完好状态。

（2）员工较为集中场所的空气质量、微小气候、采光、照明、卫生设施等应符合国家卫生标准和要求，操作室、办公室、化验室等集中空调通风系统应定期进行维护保养和送风卫生指标检测。

（3）应当提供符合卫生标准的饮用水，加强餐饮卫生管理，防止食物中毒和预防急慢性疾病发生。

（4）加强传染病的预防、控制管理，防止出现传染病的感染、扩散。在国家确认自然疫源地建设大型项目时按要求开展施工环境卫生调查并采取必要管控措施。根据国别情况，开展出国人员免疫接种。

（5）企业应当开展网格化心肺复苏培训，具备应急救治能力的员工比例不得低于15%。

（6）企业应当根据生产实际，在人员集中场所设置医务室或应急救治点，配备必要的医疗器械、常备药品、应急救治药品等。

13. 个体防护用品的管理有哪些要求？

（1）《职业病防治法》第二十二条规定：用人单位必须采用有效的职业病防护设施，并为劳动者提供个人使用的职业病防护用品。用人单位为劳动者个人提供的职业病防护用品必须符合防治职业病的要求；不符合要求的，不得使用。

（2）《工作场所职业卫生监督管理规定》第十六条规定：用人单位应当为劳动者提供符合国家职业卫生标准的职业病防护用品，并督促、指导劳动者按照使用规则正确佩戴使用，不得发放钱物替代发放职业病防护用品。

14. 健康促进管理包括哪些重点要求？

（1）企业各级党组织、群团组织应当将员工健康作为重要工作内容，维护和发展员工健康权益。定期对工伤、重大疾病、家庭发生重大变故等的员工以及主动寻求帮助的员工给予帮扶救助。

（2）企业应当推广员工帮助计划（EAP），宣传、安全等部门合力推进，促进员工心理健康。

（3）企业应当主动关心员工工作以外的状况，及时发现、纠正和纾解员工不安全、不健康的生活行为方式及不良的心理状态，引导、促进员工自我健康管理。

（4）发生生产安全事故、意外伤害、公共安全事件等可能对员工心理造成影响的，应当根据突发事件的具体情况，及时开展员工心理疏导和援助工作。

（5）企业应当组织员工开展工间（前）操和业余健身活动。

3. 10　公共安全管理

1. 油气田企业的公共安全重点防范区域(部位)有哪些?

应对自然灾害、地质灾害、恐怖袭击、社会治安、刑事犯罪、公共卫生等公共安全的风险进行识别、评估，实行分级管理。

(1) 一级风险重点关注：

①《石油天然气工程设计防火规范》(GB 50183) 中划分的一级、二级油品站场。

②《石油天然气工程设计防火规范》(GB 50183) 中划分的三级及以上天然气站场。

③ 油气田公司级调度指挥中心。

④ 重要储油(气)库。

⑤ 油气处理、净化站场。

⑥ 危险化学品库、放射源库、民用爆炸物品库。

⑦ 重点防范区域的固定生活及办公场所。

(2) 二级风险重点关注：

①《石油天然气工程设计防火规范》(GB 50183) 中划分的三级、四级和五级油品站场。

②《石油天然气工程设计防火规范》(GB 50183) 中划分的四级和五级天然气站场。

③ 除一级风险关注以外的调度指挥中心。

④ 除一级风险关注以外的储油(气)库。

⑤ 发电厂、变电站。

⑥ 水源地。

⑦ 信息中心、通讯站。

⑧ 供热站。

⑨ 净化水厂。

（3）三级风险重点关注：

① 有人值守的单井及单井站场。

② 单井管道重点防范部位。

2. 炼化企业的公共安全重点防范区域（部位）有哪些？

应对自然灾害、地质灾害、恐怖袭击、社会治安、刑事犯罪、公共卫生等公共安全的风险进行识别、评估，实行分级管理。

（1）一级风险重点关注：

① 炼油、乙烯、化肥、化纤、橡胶、塑料、甲醇等主要生产装置区、储罐区。

② 中控室。

③ 危化品码头、危化品装卸区。

④ 发电厂、220kV 及以上变电所。

⑤ 放射源库，剧毒品、易制毒、易制爆危险化学品仓库。

⑥ 气柜。

（2）二级风险重点关注：

① 除一级风险关注以外的生产装置区、储罐区。

② 除一级风险关注以外的变电所。

③ 供水、供热、污水处理系统。

④ 洗罐站。

⑤ 铁路道班交接站。

（3）三级风险重点关注：

① 办公区。

② 质量计量检验中心（包括计量站、质量检测站等）。

3. 销售企业的公共安全重点防范区域（部位）有哪些？

应对自然灾害、地质灾害、恐怖袭击、社会治安、刑事犯罪、公共卫生等公共安全的风险进行识别、评估，实行分级管理。

（1）一级风险重点关注：

① 国家反恐怖重点地区、敏感时期重大活动涉及地、有明确恐怖威胁情报指向地域的油库。

② 国家反恐怖重点地区、敏感时期重大活动涉及地、有明确恐怖威胁情报指向地域的加油(气)站。

（2）二级风险重点关注：

① 除一级风险关注外的在用的油库。

② 除一级风险关注外的在用加油(气)站。

（3）三级风险重点关注：

① 办公区。

② 非油品库。

4. 工程技术服务企业的公共安全重点防范区域(部位)有哪些?

应对自然灾害、地质灾害、恐怖袭击、社会治安、刑事犯罪、公共卫生等公共安全的风险进行识别、评估，实行分级管理。

（1）一级风险重点关注：

① 放射源库。

② 治安复杂地区民用爆炸物品库，其他地区储存量大于 50t 的民用爆炸物品库。

③ 危险化学品库。

④ 非临时性生产油料存储场所。

（2）二级风险重点关注：

① 除一级风险关注以外的民用爆炸物品库。

② 野外生产、生活基地。

③ 化学实验所。

（3）三级风险重点关注：

固定的生产、生活基地。

5. 企业公共安全重点防范时段有哪些?

公共安全重点防范的时段主要有以下三个时段:

(1) 国内发生恐怖袭击及政府专项通知发生严重影响社会稳定事件的时期。

(2) 重要节日、重大活动期间。

(3) 运输和使用爆炸、剧毒、放射等危险物品的过程,人员在不安定地区或不稳定时期进行的运输或施工作业过程。

(4) 其他重点时段。

6. 企业应如何开展公共安全风险评估?

公共安全风险评估应参照《中国石化境内公共安全风险评估规范》实施,评估流程如下:

(1) 风险识别

对所在区域可能发生的恐怖袭击、扰乱企业生产经营秩序、社会治安或刑事犯罪事件的情况进行综合考虑,全面识别公共安全风险。

(2) 风险分析

① 风险可能性分析

参照公共安全风险可能性评分参考依据表进行评分,确定公共安全事件发生的可能性。

② 风险严重性分析

参照公共安全风险严重性评分参考依据表进行评分,确定公共安全事件后果的严重性。

③ 风险值分析

将公共安全事件发生的可能性与严重性分值相乘,得出公共安全风险的分值。

（3）风险评估

在确定公共安全事件风险值的基础上，对照中国石化公共安全风险矩阵，确定公共安全风险等级。

7. 企业开展公共安全人防、物防、技防的主要措施有哪些？

应按照公共安全风险等级，采取对应级别的公共安全风险防范措施(包括人防、物防、技防等措施)管控、削减公共安全风险，如公共安全风险等级为一级时，应采取一级风险防范措施，确保在技术合理、经济可行的前提下，达到风险可接受。

公共安全人防、物防、技防的主要措施分别如下：

（1）人防措施：通过人力进行安全防范，例如人员巡逻，站岗执勤等。

（2）物防措施：通过实体进行安全防范，例如实体围墙(栏)、防撞杆、防撞墩、破胎器等。

（3）技防措施：通过现代科学技术进行安全防范，例如视频监控、周界入侵报警等。

3.11 污染防治与生态保护

1. 油气田企业污染防治与生态保护重点关注哪些方面？

（1）废水污染防治

应重点做好稳油控水，源头减少油田采出水产生量。气田采出水、钻井废水、作业废液应采取相应的工程技术措施，确保处理达标。

（2）废气污染防治

① 油气开采、储运等过程应采取密闭措施，做好套管气回收、储罐轻烃回收，源头减少废气排放。

② 优选清洁燃料，应用低氮燃烧、脱硫脱硝等技术，确保废气达标排放。

（3）固体废物污染防治

① 提高泥浆循环利用率，减少废弃泥浆产生量。做好含油污泥固液分离等预处理措施，加大油基岩屑、含油污泥综合利用力度，降低危废处置量。

② 按规定做好危险废物储存场地“防扬散、防流失、防渗漏”措施，设置规范的危废警示标志和识别标志。

（4）土壤和地下水污染防治

做好采油、集输、井下作业污染防治工作，加强钻井、井下作业施工质量管理和生产井井筒技术状况检测，采取有效措施避免泥浆、油、污水污染土壤和地下水。

（5）生态保护

勘探开发应综合考虑全生命周期生态保护，减少植被破坏，防止水土流失。涉及有条件开发区域的，应及时依法办理准入手续，落实各项生态保护措施，确保环境风险受控。及时治理封堵废弃井，做好生态恢复。

2. 炼化企业污染防治与生态保护重点关注哪些方面？

（1）水污染防治关注重点：

① 分级控制、清污分流、污污分治。

② 废水的串级使用和回用。

③ 治理设施，达标排放。

④ 专项监测计划完善性及落实。

⑤ 超标数据及时获知、及时纠正措施。

⑥ 异常排放申请及处理。

⑦ 雨水系统、循环水排污等。

⑧ 水体环境风险防控。

（2）废气污染防治关注重点：

① 能源结构、清洁燃料和先进技术，燃烧废气达标排放情况。

② 工艺尾气回收利用及达标排放。

③ 无组织排放废气密闭化收集、防尘抑尘等措施，达标排放情况。

④ 排放火炬气量及组分。

⑤ 环境监测计划及落实，超标数据获知及时纠正措施。

⑥ 开停工检修时废气处理。

（3）固体废物污染防治关注重点：

① 源头减少固体废物的产生。

② 一般固体废物合规综合利用，优先考虑厂内综合循环利用。

③ 危险废物的准确识别，合规收集、储存、转运、处置。

3. 销售企业污染防治与生态保护重点关注哪些方面？

（1）污染防治

① 加油站应按照土壤和地下水污染防治要求，完成埋地油罐防渗改造。

② 应制定本单位废气管理制度，实现油气回收全流程闭环管理，确保废气达标排放。

③ 加油站完成二次油气回收，通过优化设备和运行等手段，使气液比等参数稳定达标。

④ 油库设置配套的废水治理设施或委托第三方处理，保证废水达标排放；按照要求开展土壤地下水监测及污染防治工作。

⑤ 危险废物应按国家危险废物管理规定分类、收集、储存、转运、处置，依法合规办理相关手续。

（2）生态保护

涉及有条件开发区域的，应及时依法办理准入手续，落实各项生态保护措施，确保环境风险受控。

4. 石油工程、炼化工程企业污染防治与生态保护重点关注哪些方面?

（1）固体废物污染防治

应按照分类管理、全过程监管、清洁生产、循环经济等原则，处理处置固体废物。

① 工程建设过程中应实施减量化、资源化措施，减少废弃物的产生。

② 储存场地应做好防渗漏、防逸散等措施，设置警示标识。

③ 危险废物应按国家危险废物转移办法，依法合规办理相关手续。

（2）试压水和化学清洗废液污染防治

① 应加强试压水的循环利用和回用。施工设备中要配套储存回用设施，减少试压水的产生量。

② 化学清洗废水严格按照法规要求，应委托具有危险废物经营许可资质的单位进行处理处置。

（3）噪声污染防治

合理设置施工区域和施工时间，使用低噪声、低振动的机具，采取消声、隔声、减震等有效措施，避免或减少施工噪声和振动。施工场界对噪声进行实时监测。

（4）粉尘污染防治

① 运输容易散落、飞扬、流漏的物料的车辆，必须采取措施封闭严密，保证车辆清洁。

② 采取洒水、覆盖、局部遮挡、地面硬化、围挡等措施，防止扬尘产生。避免使用易产生扬尘的设备，禁止使用排放不合格的设备。

5. 油气输送管道企业污染防治与生态保护重点关注哪些方面?

（1）噪声污染防治

对输油泵、压缩机等大型动设备产生的噪声，应采取有效措施，防止或减轻噪声污染。

（2）固体废物污染防治

对清罐废渣，废矿物油，事故状态下被原油、成品油等污染的土壤，其处理与处置、运输应符合国家、地方相关要求。

（3）应制定本单位废气管理制度，做好工艺改进、过程控制和末端治理工作，应实现油气回收全流程闭环管理，确保废气达标排放。

（4）油库设置配套的废水治理设施或委托第三方处理，保证废水达标排放；按照要求开展土壤地下水监测及污染防治工作。

（5）生态保护

① 在管道建设项目立项时，应从生态保护的角度，规避重要生态功能区、陆地和海洋生态环境敏感区等。

② 在管道运营的全生命周期过程中，应采取有效措施，防止植被破坏、水土流失。

6. 科研企业污染防治与生态保护重点关注哪些方面？

（1）废水污染防治

① 禁止将化学废液直接排入下水道。

② 各单位应配套工艺技术、处理能力满足试验需要的污水处理设备和设施，确保污染物满足政府规定的直接或间接排放标准要求。

（2）废气污染防治

① 实验室产生废气污染物的试验过程，应在通风橱内进行，有组织排放。

② 实验室、实验装置等应设置满足排放标准要求的废气收集处理系统，应对废气收集处理系统进行维护。

③ 含挥发性有机物的物料流经的动静密封设备应实施泄漏检测与修复（LDAR）。

（3）固体废物污染防治

① 应组织对实验产生的各类固体废物进行全面识别和分类，必要

时应进行危险废物鉴别。

② 废弃的危险化学品、试验过程中产生的废液应按照危险废物进行管理。

③ 危险废物应分类收集、储存和处置，按 GB 18597 等要求建设储存设施，设置有关标识、警示标志和标签，并建立相关台账和应急处置预案。

④ 应建设符合标准要求的危险废物储存设施，并加强运行管理、维护和监控，保障其正常运行。

⑤ 应选择有资质的危险废物运输和外委处置单位，按要求办理转移联单，并对外委活动进行全过程跟踪、监督。

（4）噪声污染防治

① 应采取减震、消声、隔声、吸声或综合控制等有效措施，防止或减轻环境噪声污染。

② 应加强日常试验操作管理，减少试验过程产生的偶发性噪声。

7. 环境监测与统计应如何开展？

（1）人工监测

① 企业自有环境监测机构，应制定环境监测方案，确定监测点位、监测指标、监测频次、采样和样品保存方法、监测分析方法和仪器等。

② 建立规范的质控体系，环境监测数据结果实行环境监测人员、质控人员及技术负责人三级审核制度。

③ 无自行监测能力的企业，应委托有资质的第三方环境监测机构开展环境监测。

（2）环境在线监测

① 企业应根据国家和地方政府要求，安装环境在线监测设备，稳定运行，按要求联网，建立环境监测台账。

② 企业应及时开展环境在线监测数据修约，保存修约凭证。

③ 环境在线监测系统出现故障应即刻上报、维修，定期维护、保

养，确保传输有效满足要求。

④ 环境在线监测系统应具备超标排放预警功能，避免异常排污冲击、总量超标排放等情况的发生。

（3）应急监测

企业应配备满足需要的环境应急监测人员和应急监测设备。制定环境应急监测方案，并在应急演练中体现应急监测的内容。

（4）环境统计

① 企业应规范环保统计工作程序，明确相关部门责任，确保环保统计数据真实、有效，及时上报。

② 企业应完善计量管理，建立健全生产经营及其环境保护设施运行的原始记录、统计台账。

3.12 应急管理

1. 如何编制应急预案?

（1）成立应急预案编制工作组

结合本单位部门职能和分工，成立以单位相关负责人为组长，应急预案有关的职能部门和单位的人员，以及有现场处置经验的人员参加的应急预案编制工作组，明确工作职责和任务分工，制定工作计划，组织开展应急预案编制工作，预案编制工作组中可按实际情况邀请相关政府、企业、单位或社区代表参加。

（2）资料收集

应急预案编制工作组应收集与预案编制工作相关的法律法规、技术标准、应急预案、国内外同行业企业事故资料，同时收集本单位安全生产相关技术资料、历史事故与隐患、地质气象水文、周边环境影响、应急资源及应急人员能力素质等有关资料。

（3）风险评估

编制应急预案前，开展生产安全事故风险评估和环境风险评估，撰写评估报告，主要内容包括：

① 分析生产经营单位存在的危险因素，确定可能发生的生产安全事故和环境事件的类型。

② 分析各种事故发生的可能性和直接后果以及次生、衍生后果，评估各种后果的危害程度和影响范围。

③ 评估现有事故风险控制措施及应急措施，提出防范和控制事故风险的措施建议。

（4）应急资源调查

编制应急预案前，应全面调查本单位第一时间可以调用的应急队伍、装备、物资、场所等应急资源状况，以及周边区域内可请求援助的应急资源状况，分析应急资源性能可能受事故影响的情况，并结合事故风险评估结论制定应急资源需求，并提出补充应急资源、完善应急保障的措施。

（5）应急预案编制

① 生产经营单位应当根据有关法律、法规、规章和相关标准，以及事故风险评估及应急资源调查结果，结合本单位管理体系、生产规模等实际情况，合理确立本单位应急预案体系。

② 结合本单位管理体系及部门业务职能划分，科学设定本单位应急组织机构及职责。清晰界定本单位各类突发事件的响应分级标准，制定应急处置措施。

③ 落实相关部门和单位在信息报告、响应分级、指挥权移交、警戒疏散等环节的职责，应急预案编制应职责明确、程序规范、措施科学。

（6）推演论证

应急预案编制过程中，编制工作组及相关部门人员可采取桌面推演的形式，模拟生产安全事故和环境事件的应对过程，对应急预案的职责分工和应急响应程序等进行分析讨论和推演论证。

（7）评审程序

应急预案评审程序包括以下步骤：

① 评审准备。成立包括有关安全生产（环境保护）及应急管理方面的专家在内的应急预案评审工作组，落实参加评审的单位或人员，将

应急预案、编制说明、风险评估及应急资源调查报告其他有关资料在评审前送达参加评审的单位或人员。

② 组织评审。生产经营单位应当组织评审会对本单位编制的应急预案进行评审，并形成书面评审纪要。会议由参加评审的专家推选的评审组组长主持，评审纪要必须有不少于出席会议专家人数的四分之三同意方为通过，并附评审组组长及参加评审会议的专家签字表和表决的投票情况，应当以书面材料记录在案，并作为评审纪要的附件。

③ 修改完善。生产经营单位应认真分析研究，按照评审意见对应急预案进行修订和完善。评审表决不通过的，生产经营单位应在应急预案进行修订和完善后重新组织专家评审。

（8）批准实施

通过评审的应急预案，由生产经营单位主要负责人签署公布，并及时发放到本单位有关部门、岗位和相关联动单位。

（9）备案

生产经营单位应当在安全应急预案公布之日起 20 个工作日内，按照分级和属地原则，向地方政府负有安全生产监督管理职责的部门和有关单位进行备案，并依法向社会公布。

企业环境应急预案应在环境应急预案签署发布之日起 20 个工作日内，向企业所在地县级生态环境保护主管部门申请备案。跨县级以上行政区域的企业应急预案，应当向沿线或跨域涉及的县级生态环境保护主管部门申请备案。

2. 应急预案体系由哪些内容构成？

（1）企业应根据设计、施工和生产运营等不同阶段风险评估的结果，识别可能发生的突发事件和异常情况，结合运行经验和事故教训，编制有针对性的应急预案，预案应与上级单位、当地政府及相关部门相衔接，同时明确应急响应级别及启动条件。

（2）基层单位应针对危险性较大的场所、装置或者设施编制现场处置方案，明确岗位人员的应急处置职责、应急处置方法和注意事项。

（3）基层岗位应结合岗位风险特点，按照岗位可能出现的紧急情况编制应急处置卡，明确报告、处置、救援和避险等事故初期应急处置要求。

3. 中国石化对应急预案的编制有哪些具体要求？

（1）按照“简明实用、分级分类”原则，建设中国石化突发事件应急预案体系。中国石化应急预案体系包括中国石化突发事件应急预案、直属企业突发事件应急预案、二级单位突发事件应急预案和基层单位突发事件现场应急处置方案。

（2）应急救援队伍（中心）应根据所承担的事故抢险任务编制应急预案，工程建设与检维修项目应组织承包商等相关方编制应急预案。

（3）应急预案应当包括应急组织机构和人员的联系方式、应急物资储备清单等附件信息。附件信息发生变化时，应当及时更新，确保准确有效。

（4）可能造成周边公众人身伤害、财产损失或社会不稳定状态的事件，应编制企地联动应急预案。

（5）企业应急预案报集团公司安全监管局备案，并抄送所属事业部（专业公司），同时按法规要求报地方政府相关部门备案。环境应急预案应报能源管理与环境保护部备案。各单位应不断完善应急预案，每年组织单位内部的工艺、设备、安全、环保等专家评估一次。评估重点关注：

① 启动条件是否清晰。

② 应急信息上报和指令下达程序是否畅通。

③ 应急组织职责分工是否明确。

④ 应急处置程序和现场处置措施是否具体实用。

⑤ 预案附件信息是否动态更新。

⑥ 预案编制前是否开展事故风险评估和应急资源调查等。

4. 什么是综合应急预案？

综合应急预案是生产经营单位应急预案体系的总纲，主要从总体上阐述事故的应急工作原则，包括生产经营单位的应急组织机构及职责、应急预案体系、事故风险描述、预警及信息报告、应急响应、保障措施、应急预案管理等内容。

5. 什么是专项应急预案？

专项应急预案是生产经营单位为应对某一类型或某几种类型事故，或者针对重要生产设施、重大危险源、重大活动等内容而制定的应急预案。专项应急预案主要包括事故风险分析、应急指挥机构及职责、处置程序和措施等内容。

6. 什么是现场处置方案？

现场处置方案是生产经营单位根据不同事故类型，针对具体的场所、装置或设施所制定的应急处置措施，主要包括事故风险分析、应急工作职责、应急处置和注意事项等内容。

7. 什么是应急处置卡？

生产经营单位应在应急预案和现场处置方案的基础上，针对不同岗位的特点，编制简明、实用、有效的应急处置卡。

8. 发生何种情形时，需对应急预案或其附件进行修订？

出现下列情形，应及时修订应急预案或其附件：

（1）制定预案所依据的法律、法规、规章、标准发生重大变化；
（2）应急指挥机构及其职责发生调整；
（3）安全生产面临的风险发生重大变化；
（4）环境风险发生重大变化；
（5）重要应急资源发生重大变化；
（6）在预案演练或者应急救援中发现需要修订预案的重大问题；
（7）其他应当修订的情形。

9. 国家法律对企业应急保障物资和人员队伍配备有哪些要求？

（1）危险化学品生产和储存企业应按照现行国标《危险化学品单位应急救援物资配备标准》（GB 30077）的规定，配备应急救援物资，危险化学品使用、经营、运输和处置废弃可参照执行。GB 30077 中规定的是危险化学品单位应急救援物资的最低要求，企业可根据实际情况增配应急救援物资的种类和数量。

（2）《安全生产法》第七十六条规定，“国家加强生产安全事故应急能力建设，在重点行业、领域建立应急救援基地和应急救援队伍，鼓励生产经营单位和其他社会力量建立应急救援队伍，配备相应的应急救援装备和物资，提高应急救援的专业化水平。”

（3）《突发事件应对法》第二十六条规定，“单位应建立由本单位职工组成的专职或兼职应急救援队伍。”

事故发生时，企业建立的专（兼）职应急救援队伍能够在第一时间迅速、有效地投入救援和处置工作，防止事故进一步扩大，最大限度减少人员伤亡和财产损失。规模较小的生产经营单位应与临近的专职应急救援队伍签订救援协议。

（4）《突发环境事件应急管理办法》第二十二条规定，“企业事业单位应当储备必要的环境应急装备和物资，并建立完善相关管理制度。”

10. 中国石化对企业应急资源保障有哪些具体要求?

(1) 应急信息平台

① 企业应急指挥中心应配置应急信息平台，具备应急值守、视频监控、监测预警、应急会商、联动处置、辅助决策等功能，能够与集团公司应急指挥中心等信息系统实现互联互通，有效实施日常安全环保监控和突发事件快速处置。

② 企业应积极运用先进信息技术手段，推动应急自动响应、应急信息共享，提升应急处置效率。

(2) 应急队伍

① 油田、炼化企业，原油、成品油、天然气等管道企业和石油储备库、特级及一级石油库、LNG 接收站等单位应依托现有专职消防队或管道抢维修队伍建立综合应急队伍。涉及海洋作业企业应统筹考虑海上应急队伍。

② 基层单位义务应急队员应定期组织培训，必须懂得岗位安全环保风险、懂得事故预防措施、懂得初期处置知识、懂得逃生自救方法，会准确报警、会使用个体防护装备、会操作消(气)防设施、会组织疏散逃生，具备溢油、泄漏、火灾等各类突发事件初期应急处置能力。

③ 应急救援人员应当具备必要的专业知识、技能、身体素质和心理素质，经培训合格后方可参加应急救援工作。企业应当及时将本单位应急救援队伍建立情况报送集团公司安全监管局，并抄送所属事业部(专业公司)，同时报政府负有安全生产监督管理职责的部门。

④ 总部和企业应建立包括工艺、设备、电气、环保、消(气)防等专业的应急专家库，为处置突发事件提供技术支撑。

(3) 应急设施与物资

① 企业应根据相关标准和规定合理配置应急设施、储备应急物资。应急设施和物资应建立清单，同时建立设施与物资的储存、使用和更新机制，确保储备充足、调运顺畅。

② 企业现场配置的应急(消防)设施应实行属地管理，落实责任人员，可根据企业实际建立岗位日常巡检与应急队伍定期维护保养相结合的日常工作机制，确保火灾自动报警、消防供水、消防泡沫、小型灭火器等各类设施完好备用。依法委托外部消防技术服务机构开展的消防维保、检测，工作内容应满足石油化工企业实际需求。

③ 企业应动态掌握周边溢油回收、管道抢修、动力、照明、通信、排水等大型装备信息，建立相应工作机制，充分利用外部应急资源，提升重特大事故应急综合保障能力。

④ 企业应配备满足应急监测需求的监测设备。

(4) 应急联防

① 集团公司建立区域应急联防机制，划分应急联防区，整合企业应急资源。

② 企业要与当地政府、周边应急队伍建立应急协调工作机制，提高联合应对重大突发事件的能力。

③ 企业应急联防的队伍、物资、装备等资源，应建立清单并发放到有关部门和人员。

11. 中国石化对企业应急演练有哪些具体要求?

(1) 各单位应针对重大风险、生产异常、设备故障等实际情况，以熟练掌握预案为目的定期组织应急演练。应急演练应做到全员参与，并覆盖所有应急预案。

(2) 各单位应通过桌面、实战等多种形式开展应急演练。桌面演练要贴近实际，逐步推演；实战演练要对照预案，不编脚本。

(3) 应急救援队伍应与企业内部各级单位定期开展联合演练，理顺应急处置流程，熟练掌握生产现场安全风险和应急设施。

(4) 应急演练应包含环境应急监测的内容。

(5) 每一次应急演练都应组织评估，针对演练全过程进行总结讲评，发现问题及时整改。

12. 企业如何开展应急演练的效果评估?

（1）企业应针对重大风险、生产异常、设备故障等实际情况，以熟练掌握预案为目的定期组织应急演练。应急演练应做到全员参与，并覆盖所有应急预案。

（2）应急演练结束后应对演练的效果做出评价，并提交演练报告，详细说明演练过程中发现的问题。演练单位应对评估发现的问题制定整改措施、明确整改期限、落实整改责任。

13. 中国石化对企业应急监测与预警有哪些具体要求?

（1）企业应及时跟踪政府发布的自然灾害、事故灾难和公共卫生等外部预警信息，落实应对措施。

（2）企业应配备必要的废水污染物、废气污染物、有毒(害)气体、可燃气体、火灾探测等监测监控设施，对异常状况实现实时监控，及时研判事故风险、发布预警信息。

（3）企业发生可能影响周边企业、公众的突发事件，应及时向地方政府、周边企业和社会公众发出预警信息。

14. 中国石化对企业应急响应有哪些具体要求?

（1）健全值班和信息传递机制。基层单位应对工况异常和工艺设备报警划类分级，细化上报条件和流程。应急指挥中心和应急救援队伍实行 24 小时值班，出现预警情况立即传递有关信息并启动应急救援程序。

（2）按照“防小防早”的原则开展应急处置。基层单位发现工况异常和工艺设备报警，及时采取工艺等措施控制危险源、封锁危险场所，防止事态扩大，突发情况时应及时研判是否提前启动应急预案。

（3）预案启动后第一时间成立现场指挥部，明确疏散警戒区和抢险隔离区，撤离与应急救援无关人员，科学组织救援。

（4）企业应按有关规定及时向集团公司生产调度指挥中心报告突发事件。生产调度指挥中心按事件类型通知相关事业部（专业公司）和职能部门。事业部（专业公司）和职能部门接报后应及时组织研判，符合启动条件时立即启动中国石化级预案，安排派赴现场人员、选调应急专家、协调应急资源等工作。

（5）企业应明确并落实生产调度人员、现场带班人员、义务应急队负责人和班组长应急状态下的直接处置权和指挥权。

（6）企业应规范应急信息公开程序，明确信息发布管理部门和信息发布人，及时、准确、客观地向社会发布事件发展和处置进展情况。

15. 应急处置重点关注什么内容？

现场应急处置工作应重点关注以下几个方面：

（1）迅速开展应急监测，控制危险源，组织抢救遇险人员。

（2）根据事故危害程度分析和研判，组织现场隔离，紧急疏散现场人员。

（3）及时通知和疏散可能受到事故影响的单位和人员。

（4）采取必要措施控制危险源、处置污染物，防止事故危害扩大和次生、衍生灾害发生。

（5）根据需要组织应急救援队伍参加救援，并向参加救援的应急救援队伍提供相关技术资料、信息和处置方法。

（6）维护事故现场秩序，保护事故现场和相关证据，组织信息发布等工作。

（7）法律、法规规定的其他应急救援措施。

16. 中国石化对企业应急响应恢复有哪些具体要求？

（1）现场救援结束，应组织安全风险和环境风险评估并制定工作方案后开展现场清理工作。应急恢复过程防止发生次生、衍生事件。

（2）应急结束后应对全过程实施评估，主要包括信息接收与报送、先期处置、现场指挥、救援实施及现场管理、信息发布、应急资源动用与保障等内容，及时改进存在问题。

（3）恢复正常生产和经营前，应经风险评估和条件确认，必要时需修订完善生产经营的有关制度要求。

3.13 HSSE信息管理

1. 哪些信息应纳入HSSE信息管理？

企业应建立生产过程安全环保信息管理制度，应纳入管理的信息主要包括：

（1）化学品信息。

（2）工艺、设备（设施）及布局等基础信息。

（3）风险、隐患等动态信息。

（4）报警、设备故障、异常工况等生产异常信息。

（5）事故事件信息。

（6）地方政府行政处罚信息等。

（7）污染治理设施的建设和运行信息。

（8）污染物排放状况。

（9）建设项目环境影响评价报告、竣工环保验收报告等。

第四部分

聚焦基层　夯实基础

4.1 基层 HSSE 组织建设

1. 基层 HSSE 组织的基本要求?

要成立由基层单位党政主要负责人、技术干部、HSSE 管理人员和班组长组成的 HSSE 领导小组。基层单位主要负责人必须亲自抓 HSSE 工作，并以岗位 HSSE 责任为核心，厘清领导小组职责分工，强化纪律约束，完善考核机制。

2. 如何建设、完善基层义务应急队伍?

建立完善基层义务应急队(班)。需要重点关注以下方面:

(1) 明确义务应急队(班)组成，队(班)内应包括工艺、设备、安全、环保、操作等相关人员。

(2) 明确基层义务应急队(班)“防小、防早”的职责，重点是初期应急响应和应急处置。

(3) 组织能力培训与考核，确保每名成员充分了解岗位安全风险、懂得事故预防措施和初期处置知识，懂得逃生自救互救方法，会准确报警、会使用个体防护装备、会操作消(气)防设施、会组织疏散逃生。

(4) 通过日常演练，不断提高对于各类突发事件的应急处置能力。

3. 如何畅通基层 HSSE 信息沟通机制?

企业应建立完善的信息沟通渠道，确保 HSSE 信息和管理要求传达到基层，基层信息能有效反馈，杜绝信号衰减甚至“肠梗阻”。

基层员工发现异常要及时报告、处置，对于原因不明、现场不能解决的问题，应立即上报。

4. 如何培育基层安全文化?

(1) 推广安全经验和教训分享。基层单位应重视经验分享和学习，及时分享本单位、同行业的优秀做法，并认真组织学习和讨论。同时应建立举一反三表，根据相同或相似行业的事故教训，上级安全大检查、设备大检查对本企业、本单位的检查结果，上级的指示和要求等，确定本单位需要反思的内容，启动问题查找、整改流程。

(2) 推进安全可视化。基层单位要通过安全警示、安全色、行为标语等手段，使得安全风险由隐性变为显性，强化现场管理，营造安全氛围，提升员工安全意识，让安全文化“易看到，易感知，易遵循”。

(3) 丰富安全活动内容。基层单位应积极组织亲情、关怀、激励等主题的安全活动，建立贴近基层、具有自身特色的安全文化。

4.2 纪律和行为

1. 企业应如何规范工艺、操作及劳动纪律?

(1) 交接班管理标准化

交接班的内容主要包括交接完成任务情况、设备运行情况、环境卫生情况、工具(用具)仪表及材料消耗情况、安全生产运行情况、异常处置及预防情况、上级布置工作及需要注意的事项等。执行交接班管理要求，坚持现场交接班，明确交接班双方责任和权利，切实做到班前预检和管理人员班班在场。严格落实“十交”“五不接”，交接内容无遗漏，认真做好记录。开好班前班后交接班会，如实按时记录和填写交接班日志和生产记录，异常情况做到及时分析，及时处理。

(2) 工艺操作标准化

① 制定工艺操作规程、生产作业指导书等操作标准。组织开展直

接作业环节风险识别及防范措施制定活动，对日常工艺操作相关直接作业内容制作标准化的风险识别及防范措施模板。

② 制定巡回检查标准。明确岗位管辖范围，制定操作人员的巡检路线、巡检内容、巡检要求和检查频次等内容。认真作好巡检记录和内外操参数核对，发现异常情况及时报告并处理。

③ 制定岗位应急响应标准。制定班组现场岗位应急处置方案、岗位应急卡片等，班组人员应熟悉本岗位可能出现的紧急情况，并具备初期应急处置能力。

（3）设备操作标准化

明确设备完好标准，定期开展设备维保和性能检测，确保完好，并建立健全设备设施基础台账。落实设备管理责任，划分责任区域，明确责任人，实行设备“五定”(定岗、定责、定人、定目标、定检查责任人)管理，确保操作维护人员“四懂三会”。落实关键设备特护制度，实行“机、电、仪、管、操”五位一体特级维护。推行特种设备、设备开停及维护、操作的可视化、表单化管理。加强设备缺陷管理，实行及时发现和解决异常问题的消缺机制，确保在线设备平稳运行和备用设备随启随用。

（4）安全环保及消气防操作标准化

① 火灾报警操作、可燃有毒气体监测、“三防”工作、职业卫生防护、清污分流、事故应急处理等管理中的操作要求，纳入岗位操作法，实现标准化、表单化管理。

② 消防器材、安全附件、环保设施、职业卫生防护设施定期检查做好记录。

（5）班组人员行为标准化

明确本单位禁令类、提醒类和提倡类等三类行为。对禁止类内容，依据企业相关规定进行处理。基层单位应注意控制未遂和异常事件，通过安全观察与沟通等方式，不断发现、纠正员工的现场不安全行为，将工作时间以内和“8 小时”以外的有关不安全行为纳入《行为安全手册》。

4.3 现场HSSE管理

1. 基层单位如何落实风险分级管控与隐患排查治理预防机制?

（1）强化风险识别管控。

基层员工要按要求了解并掌握危害识别和风险评估的方法。按照“谁的属地谁负责、谁的岗位谁负责”的原则，通过人的不安全行为、物的不安全状态、管理缺陷和环境因素等四个方面，认真开展身边、岗位风险辨识，列出重大风险清单并公示，至少每半年评估、公示更新一次。常态化开展“我为安全做诊断活动”，按照操作步骤、设备单元、属地区域，辨识危害，评估风险，注重新工艺、新技术、新设备的风险分析，从源头落实风险应对措施，提高安全、环境风险管控能力。

（2）落实隐患排查整改与动态监控。

基层单位是隐患排查监控工作的责任主体，要对各类危险源、危险区域和因素进行全面排查。对排查出的隐患，要认真进行整改，并做到边查边改。对短期内可以完成整改的，要立即采取有效措施消除隐患；对情况复杂、短期内难以完成整改的，要制订切实可行的应急预案并限期整改，同时落实责任人并做好监控和应急准备工作；对自身难以完成整改的，应当及时向上级部门报告。要建立隐患排查信息动态数据库，实行分类分级管理和动态监控。

2. 基层单位应如何开展风险识别工作?

开展岗位风险识别，形成危险事件清单。一是要做到岗位风险识别全覆盖。要覆盖岗位职责所涉及的所有作业活动和相关的设备、设施，并且逐区域、逐专业、逐设备、逐操作、逐维修和施工作业开展风险识别。二是要集体识别、统一审查。基层单位应组织岗位操作人员、有关技术人员和管理人员，组成识别小组，识别岗位风险，明确预防危险事件发生或减轻其后果的措施，并统一审查、确认，形成基层岗位危险事件清单。三是要按照危险事件清单做好防控措施的落实和检查工作。四是要深化全员安全诊断活动，提高全员安全风险意识。

3. 岗位风险识别的基本流程是什么？

岗位风险识别的主要任务是辨识该岗位涉及的工艺操作作业活动和设备设施，重点结合日常操作中可能造成人身伤害、中毒、危化品泄漏、火灾爆炸、财产损失等各种危险事件，以及初期应急处置的风险。

（1）进行危险源识别。

识别岗位上实际存在的危险源，危险源识别应覆盖岗位所能涉及的危险化学品、物理化学性质、自然环境、生物疾病、安保等方面的危险源。

（2）危害因素识别，识别每个危险源可能导致事故事件的因素。

针对每一个危险源，从工艺、设备、外部影响、环境因素、操作与施工、其它等方面识别可能导致危险（源）释放的危害因素。

（3）危险事件识别。

根据危险源、危害因素，识别每个危险源可能发生的危险事件。并识别预防危险事件发生或减轻其后果的各种措施（包括硬件措施、个体防护和管理程序等），形成岗位危险事件清单。

基层单位应将基层单位风险清单中涉及工艺层面和关键设备设施的相关风险分解落实到具体岗位的危险事件清单中。

综合每个危险源可能发生的危险事件、工艺和关键设备设施风险，按照工艺流程、工作过程识别出最大的风险。

4. 基层单位如何强化作业安全风险管控？

（1）严格特殊作业管理。基层单位要严格执行特殊作业7+1制度，严格作业许可的审批签发，切实做到“五个必须”。对存在能量或危险物质意外释放可能导致中毒、窒息、触电、机械伤害的设备设施应采取能量隔离与挂牌上锁措施。

（2）强化危化品装卸作业管理。基层单位要严格落实作业要求，重点识别静电、极端天气、装车速度、装卸区车辆与人员集聚等易引发事故的风险，制定控制措施，完善危化品装卸操作规程，加强装卸的管理人员和操作人员的资质培训。

（3）高度重视其他一般作业和“小”作业的安全管理，明确作业点负责人，加强现场的安全监管，杜绝事故发生。

5. 基层单位如何强化过程安全风险管控？

（1）严格变更管理。

按照“谁主管谁负责、谁变更谁负责、谁审批谁负责”的原则，严格变更管理，从严控制，杜绝不必要的变更；基层单位建立动态变更管理清单，将管线材质变更、临时增加设备等纳入变更管理。

（2）严格开停工管理。

基层单位要在项目开工前或装置开、停车前，组织风险评估，编制和审查项目开工方案或装置开、停车方案；在新改扩建项目开车前组织编制开车前安全检查表，进行开车前的安全检查和整改消缺；不断完善装置交出前的处理方案、组织对现役装置检修全部结束后安全验收并履行交接手续。

（3）严格安全仪表管理。

保证在线仪表及过程控制系统（APC）投用率、仪表自控率；重视报警管理，加强对各类报警系统、报警仪表的维护，努力消除误报警；及时关注报警信息，迅速、正确处置报警事件，避免引发安全事故。

（4）严格异常事项管理。

对于发生的生产过程的异常安全事项，认真组织研究分析症结，找出问题的解决办法。对不能现场解决的，必须立即停产停工，及时上报相关专业部门解决，严禁在问题不清、原因不明、措施未落实的情况下继续生产作业。

（5）严格落实视频监控要求。严格遵守集团公司规定，对于重点场所、大型机组、关键部位和高风险作业实施全过程、不间断监控。

6. 基层单位如何强化承包商管理？

（1）严把入场关。

基层单位应严格遵守制度要求，重点加强承包商特种作业人员、特种设备作业人员资质审查，重点加强承运商车辆、罐体等设施和人员相关资质审查，重点加强作业机具、设备入场检查，严格承包商入场安全教育培训，培训通过才能开工，培训合格才能上岗。

（2）严把现场关。

基层单位应严格落实作业安全交底要求，加强承包商现场作业过程的监管，及时记录和反馈检查结果；加强承包商人员检查，查身份、查资格、查操作，发现违章立即制止，并汇报职能部门给予及时问责，确保承包商安全规范施工。

（3）严把考核关。

基层单位应严格落实承包商积分考核制度，对于承包商现场作业情况进行考评。

7. 基层单位如何强化应急管理？

完善基层单位事故应急预案，建立岗位应急处置卡，明确应急处置步骤与责任人，配齐配全应急物资。加强现场应急管理，明确应急处置职责、权限。遇有事故或险情时，班组长有权在初期处置后，立即指挥工人撤离现场，并第一时间向上级汇报。加强应急演练，结合单位实际，以班组为单元，制定演练计划，按计划定期开展应急预案的演练并进行评估完善，各级管理部门要不定期、不打招呼、不预先通知开展突击性拉练，提高基层单位应对突发事件的处置能力。

4.4 基层安全活动

1. 如何开展基层岗位练兵？

要以班组为单位、班组长为主导，积极采用日常学习、专项培训、操作比武、应急演练等多种岗位练兵形式，不断提升岗位安全操作能力、岗位安全风险识别能力和初期应急处置能力。大力倡导“师带徒”的学习模式，积极营造师徒共同学习的氛围，提升员工综合素质和能力。

2. 企业如何对安全诊断实行闭环管理？

（1）直属企业机关人员主要对安全体系运行、安全制度、基层现场进行安全诊断；基层技术和管理人员主要对专业领域和属地范围的工艺流程、设备运维、事故事件隐患等进行安全诊断；班组和一线员工主要对岗位风险、岗位事故隐患等进行安全诊断。

（2）业务主管部门、属地单位应及时对诊断建议进行分析评估，及时反馈，采取必要措施，实施闭环管理。应建立诊断建议评分标准和奖励机制，按避免事故后果的大小及发现问题的多少，奖励具有突出表现的员工。

3. 如何建立基层安全培训矩阵？

基层单位要以矩阵形式明确不同岗位的能力要求(图 3)，以此确定培训需求和培训内容，提升基层培训的有效性。重点以操作规程、岗位应急处置为基础，充分结合岗位风险辨识结果，制定覆盖全员的安全培训矩阵，明确培训范围、培训内容、培训周期、培训方式和掌握程度，并严格执行落实。

培训模块	培训项目	培训内容	基层单位负责人	工艺员	设备员	安全员	操作人员
安全操作	车间工艺设备概况	1. 工艺流程介绍 2. 主要设备介绍	L3	L3	L3	L3	L2
	车间主要危险物质	1. 理化性质 2. 存在位置 3. 个体防护措施	L3	L3	L2	L3	L2
	安全操作规程	1. 正确的操作流程 2. 重点关注的操作内容与安全注意事项	L2	L3	L3	L3	L2
	检修安全程序	1. 正确的检修程序 2. 注意事项	L3	L3	L2	L3	L2
风险管理	JSA 分析方法	1. JSA 方法介绍 2. 应用实践讲解 3. 案例练习	L3	L2	L2	L2	L1
	变更管理	1. 变更管理相关要求 2. 变更管理程序 3. 典型事故案例分析	L3	L2	L2	L2	L1
	全员安全诊断	1. 目的与意义 2. 相关管理要求 3. 实践举例	L3	L2	L2	L2	L1

注：L1 为了解，L2 为掌握，L3 为掌握并可培训他人

图 3　基层岗位培训矩阵示例

4. 如何优化安全培训效果？

（1）抓实实操培训。基层单位要分类分层、因岗因人设计岗位实操训练计划和实施方案，重点训练员工正确操作、规范操作、熟练操作的习惯和能力。坚持在实际工作中训练实际操作能力，严格按照岗位操作规程和结合岗位安全风险实施，及时纠正错误，弥补不足。

（2）强化案例培训。建立各类会议"会前 5 分钟"事故案例分享机制，基层单位要根据自身作业的特点，有针对性地选择本单位、本行业、相似相关行业的典型安全事故案例进行分享和培训。培训时要从多角度分析事故原因，使各环节、各专业的岗位人员充分参与讨论，发挥事故案例的警示作用，并对事故发生的规律加以提炼、总结，提高处理同类问题的能力，有效防止同类事故的发生，积累应急的经验和措施。

（3）推广视频培训。采用互联网、多媒体技术和智能硬件终端，借助三维动画、互动式练兵课件、标准化操作视频等方式，将培训内容影像化、图片化，使基层员工从视觉、听觉上多方位地接收信息，强化培训效果，提升学习兴趣、接受能力和积极性。

5. 如何强化安全培训落实？

基层单位要依据基本功训练的内容和标准，落实责任主体，开展各岗位人员安全培训的量化考核评价工作，建立落实考核合格与上岗晋级挂钩机制，督促各级人员有效开展安全培训和日常安全学习，抓实基层基本功训练。

第五部分

总结创新　持续改进

5.1 检查与审核

1. 中国石化开展 HSSE 检查监督工作的主要方式有哪些？

HSSE 检查监督分为 HSSE 检查、HSSE 管理体系审核和 HSSE 审计。

（1）HSSE 检查是根据国家有关法律法规和标准规范以及集团公司有关要求，对各单位 HSSE 管理情况、各项制度执行有效性和现场 HSSE 管理情况等进行检查。

（2）HSSE 管理体系审核是根据中国石化 HSSE 管理体系要求，对企业进行 HSSE 管理体系全面（全要素）或专项（部分要素）审核，评价 HSSE 管理体系的适宜性、有效性，查找不符合项以及需要改进的要素，提升企业 HSSE 绩效。

（3）HSSE 审计是为履行股东方或甲方（业主）的 HSSE 职责，对非控股或不承担管理责任的合资公司、承包商（含承运商、供应商和中介机构）开展的 HSSE 管理监督审计。

2. 中国石化开展 HSSE 检查监督工作的基本流程和要求有哪些？

HSSE 检查监督的基本流程包括制定计划，编制检查表，反馈整改，分析提升等。

（1）制定计划。各单位均应制定 HSSE 检查工作计划，明确年度或阶段 HSSE 检查任务。在检查实施前，应确定检查范围、内容、参检人员和进度安排等。

（2）编制检查表。各单位应结合检查重点和受检单位实际情况确定检查要素、制定检查标准、编制检查表，对检查要素量化赋分。检查组应依据检查表进行检查、评分，根据得分进行排名，并将得分排名情况进行公示。

(3) 反馈整改。检查监督结束后应形成检查监督总结报告，将发现的问题和建议书面反馈给受检单位。受检单位应举一反三进行整改，对一时不能整改的要制定防范措施，形成隐患的要列入隐患治理计划，并将问题进行公示，分别录入到安全、环保管理信息系统。

(4) 分析提升。受检单位应对检查监督结果进行统计分析，对比历史记录，研究趋势性问题，找出 HSSE 管理的薄弱环节，更新 HSSE 风险和隐患清单，制订降低风险方案和隐患治理措施。检查监督组织单位应梳理发现的共性问题，研究解决方法，组织相关单位举一反三排查整改，全面提升 HSSE 管理水平。

3. HSSE 检查的形式和方式有哪些？

HSSE 检查分为 HSSE 综合检查和 HSSE 专项检查。HSSE 专项检查又包括专业性安全检查、专项环保检查、工程 HSSE 检查、开(停)工前安全环保检查、季节性安全环保检查和特殊时期安全环保检查。

原则上，HSSE 检查要采取“四不两直”方式开展，对检查发现的问题要下达整改通知单，特别严重的要下达停工令。

4. 中国石化对 HSSE 综合检查有哪些具体要求？

HSSE 综合检查是由 HSSE 管理部门牵头组织，各专业管理部门参加，对各单位现场 HSSE 管理情况、制度执行有效性进行全面检查。HSSE 综合检查内容主要包括领导履职、HSSE 责任分解落实、风险管控、隐患治理、基层 HSSE 管理、应急预案针对性和应急处置卡实用性、职业健康管理、环境保护管理和公共安全管理等，要检查企业 HSSE 管理依法合规性、各项 HSSE 管理制度执行有效性、现场 HSSE 管理措施实用性和检查发现问题的闭环管理等。

集团公司每年组织 1 次 HSSE 综合检查，各企业、二级单位、基层单位要结合实际，逐级确定检查频次，年度内各层级 HSSE 综合检查必须覆盖到企业内部所有单位、生产经营场所和装置、工程建设现场。

5. 中国石化对 HSSE 专项检查有哪些具体要求？

（1）专业性安全检查。由各专业管理部门组织，对其主管业务范围开展安全检查，包括特种设备、工艺、电气仪表、危化品管理、运输车船、井控、海(水)上和承包商等安全检查。

（2）专项环保检查。针对建设项目环保管理、排污许可管理、污染防治、环境风险管控与应急、环境监测等工作开展检查。

（3）工程 HSSE 检查。由工程部组织对重点工程项目及其他总部重点关注项目，根据项目进展情况，开展现场的 HSSE 检查，工程 HSSE 检查可与工程质量检查联合进行。

（4）开(停)工前安全环保检查。对所属单位装置开、停工前、新装置竣工和试运行等关键工艺环节开展安全环保检查。

（5）季节性安全环保检查。根据所在区域的季节特点有针对地开展安全环保检查。

（6）特殊时期安全环保检查。在节假日和特殊时段，重点对值班、达标排放、专项预案、应急消防和安保等情况开展安全环保检查。

6. 什么是安全行为指数(SAI)？

安全行为指数(SAI)是一种对生产施工作业现场人员的行为的安全程度进行评估的量化指标。

安全行为指数(SAI)体系提供了行为和现场情况的先导性指标，通过实施安全行为指数(SAI)观察，聚焦于生产施工作业现场的人员及其行为，识别影响现场安全行为提升的关键因素，对现场作业人员的行为按统一的标准作出定量评价，反映出观察样本区域内安全现状以及一段时间内的趋势，以推动现场安全管理定量化，为提升现场安全管理水平提供重要参考。

7. 审核分为哪几种？

审核：为获得审核证据并对其进行客观的评价，以确定满足审核准则的程度所进行的系统的、独立的并形成文件的过程。

审核分为内部审核和外部审核两种：

（1）内部审核，也称为第一方审核，是由组织自己或以组织的名义进行，用于管理评审和其他内部目的(例如确认管理体系的有效性或获得用于改进管理体系的信息)，可作为组织自我合格声明的基础。在许多情况下，尤其在中小型组织内，可以由与正在被审核的活动无偏见以及无责任关系的人员进行，以证实独立性。

（2）外部审核包括通常所说的第二方审核和第三方审核。第二方审核由组织的相关方，如顾客或由其他人员以相关方的名义进行。第三方审核由独立的审核组织进行，如监管机构或提供认证或注册的机构。

8. 中国石化对 HSSE 管理体系审核有哪些具体要求？

（1）HSSE 管理体系审核是根据中国石化 HSSE 管理体系要求，对企业进行 HSSE 管理体系全面(全要素)或专项(部分要素)审核，评价 HSSE 管理体系的适宜性、有效性，查找不符合项以及需要改进的要素，提升企业 HSSE 绩效。HSSE 管理体系审核按层级不同，分为企业内部审核和集团公司审核；按覆盖 HSSE 管理体系要素范围不同，分为全面审核和专项审核。

（2）集团公司每 3 年开展一轮 HSSE 管理体系审核，覆盖所有企业。企业应当每年开展 1 次 HSSE 管理体系内审。

（3）企业发生较大及以上 HSSE 事故、法律法规及其他外部要求或管理体系发生变更时，应及时开展专项审核。

（4）HSSE 管理体系审核报告中应对体系运行进行评估诊断，提出改进企业 HSSE 管理体系运行的建议。

9. 中国石化对 HSSE 管理体系审核人员的要求有哪些？

（1）审核人员分为集团公司审核员和企业审核员。审核员应由具有专业知识背景、现场经验丰富的安全环保专业人员或技术人员担任，应接受集团公司 HSSE 管理体系审核培训，考核成绩优秀者为集团公司审核员，考核成绩合格者为企业审核员。

（2）HSSE 管理体系审核员证书每 3 年进行 1 次复审。在集团公司 HSSE 管理体系更新时，HSSE 管理体系审核员应进行相应培训和重新发证。

5.2 事故事件管理

1. 中国石化生产安全事故是如何进行分级的？

（1）根据事故造成的人员伤亡、直接经济损失，以及事故造成的社会影响，上报集团公司级事故分为特别重大事故、重大事故、较大事故、一般事故(A 级、B 级)。

① 特别重大事故。指造成 30 人以上死亡，或者 100 人以上重伤(包括急性工业中毒，下同)，或者 1 亿元以上直接经济损失的事故。

② 重大事故。指造成 10 人以上 30 人以下死亡，或者 50 人以上 100 人以下重伤，或者 5000 万元以上 1 亿元以下直接经济损失的事故。

③ 较大事故。指造成 3 人以上 10 人以下死亡，或者 10 人以上 50 人以下重伤，或者 1000 万元以上 5000 万元以下直接经济损失的事故。发生火灾、爆炸或危险化学品泄漏等事故，并造成重大社会影响的，

视同较大事故管理。

④ 一般事故。一般事故分为一般 A 级、一般 B 级。

一般 A 级事故。指造成 1～2 人死亡，或者 3 人以上 10 人以下重伤，或者 10 人以上轻伤，或者 100 万元以上 1000 万元以下直接经济损失的事故。

（2）具备下列情况之一的，视同一般 A 级事故管理：

——导致生产装置（单元）停产、管道停输的爆炸事故。

——储罐、库区（房）发生的爆炸事故。

——油气井场、油气集输场站、天然气净化厂、海上平台、炼化装置、油气输送外管道、油库、加油加气站等发生持续燃烧 20 分钟以上火灾。

——未造成火灾、爆炸、人员伤亡的井喷事故。

——因人为或管理原因，造成 3 套及以上生产装置或全厂停产，影响全厂日产量 50%及以上的非计划停车；油田企业影响日产量 10%及以上的停产。

一般 B 级事故。指造成 1～2 人重伤，或者 3 人以上 10 人以下轻伤，100 万元以下直接经济损失的事故。

具备下列情况之一的，视同一般 B 级事故管理：

——持续燃烧 20 分钟以下的所有火灾。

——生产装置区、库区等发生的严重泄漏（T1）。

——油气长输管道途径人员密集场所高后果区发生一般泄漏（T2）。

——因各种原因，单套生产装置非计划停车停产、长输管道故障停输 24 小时以上。

（3）直属企业事故级以下的分级，由企业自行制定。

（4）职工伤亡事故直接经济损失按照《企业职工伤亡事故经济损失统计标准》（GB 6721—86）计算。直接经济损失包括：人身伤亡后所支出的费用（医疗费用、丧葬及抚恤费用、补助及救济费用、歇工工资）、善后处理费用（处理事故的事务性费用、现场抢救费用、清理现场费用、事故罚款和赔偿费用）、财产损失价值（固定资产损失价值、流动资产损失价值）。

火灾直接经济损失按照《火灾损失统计方法》(GA 185—2014)计算。火灾直接经济损失包括火灾直接财产损失、火灾现场处置费用、人身伤亡所支出的费用。

(5) 需提级管理的事故

提级管理是指在事故调查、责任追究上进行提级，在事故统计上仍按照原级别进行统计。

① 党中央、国务院领导高度关注，并有明确批示或者指示的事故。

② 受到公众广泛关注，引起省部级以上主流媒体报道，对集团公司造成重大负面社会影响的事故。

③ 被政府挂牌督办，确定提级管理的事故。

④ 隐瞒不报、被举报的事故。

⑤ 已经查出的隐患未及时治理、安全防范措施不落实引发的事故。

2. 如何开展安全生产事故调查？

(1) 一般事故 A 级及以上事故由集团公司组织调查，事故企业配合调查，及时收集第一手资料，包括现场拍照取证、对主要目击证人和当事人分别进行问询、制作笔录，或要求提供书面陈述材料等。一般事故 B 级及企业级事故由企业组织事故调查。

(2) 事故调查组一般由安全、生产、设备、技术、消防、治安保卫、交通、人事、监察等管理部门和工会组成，必要时可聘请外部专家参与调查。

(3) 事故调查组一般设技术组、管理组。根据需要可增加其他工作组。

(4) 事故调查实行组长负责制。调查组成员与所调查的事故没有直接利害关系；在事故调查工作中应当科学公正、恪尽职守，遵守事故调查组的纪律。未经许可，个人不得擅自发布有关信息。

(5) 事故调查组有权向有关单位和个人了解与事故有关的情况，

并要求其提供相关文件、资料。有关单位和个人应积极配合，不得拒绝。事故发生单位的负责人和有关人员在事故调查期间不得擅离职守，如实提供有关情况。

（6）事故调查中需要进行技术鉴定的，应委托具有相应资质的单位进行。必要时，事故调查组可以直接组织专家进行技术鉴定。技术鉴定所需时间不计入事故调查期限。

（7）事故调查组主要职责：查明事故经过和原因，认定事故性质和责任，提出对事故相关责任单位和责任人员的处理建议，总结事故教训，提出整改措施建议。整改措施应具体、可操作、可量化。

（8）原则上一般事故在事故发生之日起30天内提交调查报告；较大及以上事故原则上调查组在事故发生之日起60天内提交调查报告。特殊情况下，提交事故调查报告的期限可适当延长，延长期最长不得超过60天。

3. 中国石化环境事件是如何分级的？

根据事故造成的人员伤亡、直接经济损失，对生态环境的影响，以及事件造成的社会影响，分为特别重大环境事件、重大环境事件、较大环境事件、一般环境事件。

（1）特别重大环境事件，指直接导致30人以上死亡或100人以上中毒或重伤；疏散、转移人员5万人以上；直接经济损失1亿元以上；区域生态功能丧失或国家重点保护物种灭绝的；设区的市级以上城市集中式饮用水水源地取水中断的；重大跨国境影响的境内突发环境事件；海(水)上油品泄漏量1000吨以上的。

（2）重大环境事件，指直接导致10人以上30人以下死亡或50人以上100人以下中毒或重伤的；疏散、转移人员1万人以上5万人以下的；直接经济损失2000万元以上1亿元以下的；区域生态功能部分丧失或该区域国家重点保护野生动植物种群大批死亡的；县级城市集中式饮用水水源地取水中断的；跨省级行政区域影响的突发环境事件；海(水)上油品泄漏量500吨以上1000吨以下的。

(3) 较大环境事件，指直接导致 3 人以上 10 人以下死亡或 10 人以上 50 人以下中毒或重伤的；疏散、转移人员 5000 人以上 1 万人以下的；直接经济损失 500 万元以上 2000 万元以下的；国家重点保护的动植物物种受到破坏的；乡镇集中式饮用水水源地取水中断的；跨设区的市级行政区域影响的突发环境事件；海(水)上油品泄漏量 100 吨以上 500 吨以下的。

(4) 一般环境事件，指直接导致 3 人以下死亡或 10 人以下中毒或重伤的；疏散、转移人员 5000 人以下的；直接经济损失 500 万元以下的；跨县级行政区域纠纷，引起一般性群体影响的；海(水)上油品泄漏量 100 吨以下的；对环境造成一定影响，尚未达到较大突发环境事件级别的。

4. 如何开展环境事件调查?

(1) 环境事件调查应参照《突发环境事件调查处理办法》(环境保护部令第 34 号)开展。

(2) 同一单位连续 3 年发生一般环境事件，由事业部(管理部、专业公司)组织调查。

(3) 环境事件调查报告应在事件调查开始之日起 30 天内按级上报。如情况特别复杂、需延长调查时间，经批准后，延长期最长不得超过 30 天。

5. 怎样理解失职追责和尽职免责?

(1) 失职追责

根据最高人民法院、最高人民检察院关于办理危害生产安全刑事案件适用法律若干问题的解释，梳理危害生产安全犯罪情况如下：

① 明知存在事故隐患、继续作业存在危险，仍然违反有关安全管理的规定，实施下列行为之一的，应当认定为刑法第一百三十四条第

二款规定的“强令他人违章冒险作业”：

——利用组织、指挥、管理职权，强制他人违章作业的。

——采取威逼、胁迫、恐吓等手段，强制他人违章作业的。

——故意掩盖事故隐患，组织他人违章作业的。

——其他强令他人违章作业的行为。

② 实施刑法第一百三十二条、第一百三十四条第一款、第一百三十五条、第一百三十五条之一、第一百三十六条、第一百三十九条规定的行为，因而发生安全事故，具有下列情形之一的，应当认定为“造成严重后果”或者“发生重大伤亡事故或者造成其他严重后果”，对相关责任人员，处三年以下有期徒刑或者拘役：

——造成死亡一人以上，或者重伤三人以上的。

——造成直接经济损失一百万元以上的。

——其他造成严重后果或者重大安全事故的情形。

实施刑法第一百三十四条第二款规定的行为，因而发生安全事故，具有本条第一款规定情形的，应当认定为“发生重大伤亡事故或者造成其他严重后果”，对相关责任人员，处五年以下有期徒刑或者拘役。

实施刑法第一百三十七条规定的行为，因而发生安全事故，具有本条第一款规定情形的，应当认定为“造成重大安全事故”，对直接责任人员，处五年以下有期徒刑或者拘役，并处罚金。

实施刑法第一百三十八条规定的行为，因而发生安全事故，具有本条第一款第一项规定情形的，应当认定为“发生重大伤亡事故”，对直接责任人员，处三年以下有期徒刑或者拘役。

③ 实施刑法第一百三十二条、第一百三十四条第一款、第一百三十五条、第一百三十五条之一、第一百三十六条、第一百三十九条规定的行为，因而发生安全事故，具有下列情形之一的，对相关责任人员，处三年以上七年以下有期徒刑：

——造成死亡三人以上或者重伤十人以上，负事故主要责任的。

——造成直接经济损失五百万元以上，负事故主要责任的。

——其他造成特别严重后果、情节特别恶劣或者后果特别严重的情形。

实施刑法第一百三十四条第二款规定的行为，因而发生安全事故，具有本条第一款规定情形的，对相关责任人员，处五年以上有期徒刑。

实施刑法第一百三十七条规定的行为，因而发生安全事故，具有本条第一款规定情形的，对直接责任人员，处五年以上十年以下有期徒刑，并处罚金。

实施刑法第一百三十八条规定的行为，因而发生安全事故，具有下列情形之一的，对直接责任人员，处三年以上七年以下有期徒刑：

——造成死亡三人以上或者重伤十人以上，负事故主要责任的。

——具有本解释第六条第一款第一项规定情形，同时造成直接经济损失五百万元以上并负事故主要责任的，或者同时造成恶劣社会影响的。

④ 在安全事故发生后，负有报告职责的人员不报或者谎报事故情况，贻误事故抢救，具有下列情形之一的，应当认定为刑法第一百三十九条之一规定的"情节严重"：

——导致事故后果扩大，增加死亡一人以上，或者增加重伤三人以上，或者增加直接经济损失一百万元以上的。

——实施下列行为之一，致使不能及时有效开展事故抢救的：

a. 决定不报、迟报、谎报事故情况或者指使、串通有关人员不报、迟报、谎报事故情况的。

b. 在事故抢救期间擅离职守或者逃匿的。

c. 伪造、破坏事故现场，或者转移、藏匿、毁灭遇难人员尸体，或者转移、藏匿受伤人员的。

d. 毁灭、伪造、隐匿与事故有关的图纸、记录、计算机数据等资料以及其他证据的。

——其他情节严重的情形。

具有下列情形之一的，应当认定为刑法第一百三十九条之一规定的"情节特别严重"：

——导致事故后果扩大，增加死亡三人以上，或者增加重伤十人以上，或者增加直接经济损失五百万元以上的。

——采用暴力、胁迫、命令等方式阻止他人报告事故情况，导致事故后果扩大的。

——其他情节特别严重的情形。

⑤ 在安全事故发生后，与负有报告职责的人员串通，不报或者谎报事故情况，贻误事故抢救，情节严重的，依照刑法第一百三十九条之一的规定，以共犯论处。

⑥ 在安全事故发生后，直接负责的主管人员和其他直接责任人员故意阻挠开展抢救，导致人员死亡或者重伤，或者为了逃避法律追究，对被害人进行隐藏、遗弃，致使被害人因无法得到救助而死亡或者重度残疾的，分别依照刑法第二百三十二条、第二百三十四条的规定，以故意杀人罪或者故意伤害罪定罪处罚。

⑦ 生产不符合保障人身、财产安全的国家标准、行业标准的安全设备，或者明知安全设备不符合保障人身、财产安全的国家标准、行业标准而进行销售，致使发生安全事故，造成严重后果的，依照刑法第一百四十六条的规定，以生产、销售不符合安全标准的产品罪定罪处罚。

⑧ 实施刑法第一百三十二条、第一百三十四条至第一百三十九条之一规定的犯罪行为，具有下列情形之一的，从重处罚：

——未依法取得安全许可证件或者安全许可证件过期、被暂扣、吊销、注销后从事生产经营活动的；

——关闭、破坏必要的安全监控和报警设备的；

——已经发现事故隐患，经有关部门或者个人提出后，仍不采取措施的；

——一年内曾因危害生产安全违法犯罪活动受过行政处罚或者刑事处罚的；

——采取弄虚作假、行贿等手段，故意逃避、阻挠负有安全监督管理职责的部门实施监督检查的；

——安全事故发生后转移财产意图逃避承担责任的；

——其他从重处罚的情形。

实施前款第五项规定的行为，同时构成刑法第三百八十九条规定的犯罪的，依照数罪并罚的规定处罚。

⑨ 实施刑法第一百三十二条、第一百三十四条至第一百三十九条

之一规定的犯罪行为，在安全事故发生后积极组织、参与事故抢救，或者积极配合调查、主动赔偿损失的，可以酌情从轻处罚。

（2）尽职免责

《安全生产监管监察职责和行政执法责任追究的暂行规定》(国家安全生产监督管理总局令)(第24号)第十九条规定：

有下列情形之一的，安全监管监察部门及其内设机构、行政执法人员不承担责任：

（1）因生产经营单位、中介机构等行政管理相对人的行为，致使安全监管监察部门及其内设机构、行政执法人员无法作出正确行政执法行为的。

（2）因有关行政执法依据规定不一致，致使行政执法行为适用法律、法规和规章依据不当的。

（3）因不能预见、不能避免并不能克服的不可抗力致使行政执法行为违法、不当或者未履行法定职责的。

（4）违法、不当的行政执法行为情节轻微并及时纠正，没有造成不良后果或者不良后果被及时消除的。

（5）按照批准、备案的安全监管或者煤矿安全监察执法工作计划、现场检查方案和法律、法规、规章规定的方式、程序已经履行安全生产监管监察职责的。

（6）对发现的安全生产非法、违法行为和事故隐患已经依法查处，因生产经营单位及其从业人员拒不执行安全生产监管监察指令导致生产安全事故的。

（7）生产经营单位非法生产或者经责令停产停业整顿后仍不具备安全生产条件，安全监管监察部门已经依法提请县级以上地方人民政府决定取缔或者关闭的。

（8）对拒不执行行政处罚决定的生产经营单位，安全监管监察部门已经依法申请人民法院强制执行的。

（9）安全监管监察部门已经依法向县级以上地方人民政府提出加强和改善安全生产监督管理建议的。

（10）依法不承担责任的其他情形。

6. 如何做好事故(事件)整改与汲取事故教训？

(1) 事故(事件)单位要举一反三吸取事故(事件)教训。对照事故(事件)暴露出的问题，逐条制定整改措施并抓好落实。整改措施必须包括工程技术措施和管理措施等。安全事故整改措施落实情况在事故报告批准后1个月内报送安全监管局；环境事件整改措施落实情况在事件报告批准后1个月内报送能源管理与环境保护部。

(2) 其他企业要对照事故(事件)暴露出的问题，逐条分析本单位是否存在类似问题和隐患，防止类似事故(事件)重复发生。

(3) 建立事故(事件)警示经验分享工作机制。各单位要及时收集有关事故(事件)案例，分门别类研究事故(事件)机理和发生规律，制成卡片发至基层单位、班组开展经验分享。

7. HSSE事故(事件)统计指标有哪些？

(1) HSSE事故(事件)率。HSSE事故(事件)率是公司对企业HSSE绩效综合考核的指标，也是企业自我评估HSSE管理的指标，不对外发布。

(2) 损失工时率、总伤害率。损失工时率、总伤害率用于公司、企业对HSSE管理的自我评估并对外发布。每一项指标均按企业员工、承包商员工分开计算。

8. HSSE事故(事件)统计范围是怎么界定的？

(1) HSSE事故(事件)统计范围

① 生产安全事故(事件)。

② 突发环境事件。

③ 自然灾害导致的人身伤亡、财产损失和次生的事故(事件)。

④ 危险化学品泄漏事件（T1、T2）。

⑤ 被认定为工伤的职业伤害或职业病，以及被认定为视同工伤的死亡、伤害和旧伤复发。

⑥ 因工作原因导致员工发生损失工作日、接受专业医疗处理的职业伤害或职业病。

⑦ 其他应记录的事故（事件）。

（2）单位统计范围

① 公司所属各企事业单位、股份公司各分（子）公司，控股公司、参股公司（中国石化作为作业者或管理者）以及接受委托管理的单位。

② 承担企业工程建设、检维修、运行维护、交通运输、后勤保障等业务的全部承包商（承运商、分包商）。

（3）人员统计范围

① 企业在岗员工，包括与企业签订劳动合同的员工、来自劳务中介机构但由企业直接管理的员工、进入企业生产厂区内的实习人员、参观人员、股权合作方人员等。

② 为企业业务服务的承包商在岗员工。

5.3 绩效考核

1. 企业安全绩效评价要素有哪些？

企业安全绩效评价要素分为结果性指标、过程性指标和加分奖励等三类。

（1）结果性指标：包括事故（事件）等指标。

（2）过程性指标：包括过程关键指标和过程管理指标。

① 过程关键指标：突出板块安全管理重点和难点，设置泄漏、安全仪表、井控、硫化氢管控、特种设备管理等指标。

② 过程管理指标：突出基于风险的过程管理，设置领导行为、风险管理、隐患排查治理、应急与消防、安全基础等五部分指标。

（3）加分奖励：包括未遂事件上报、全员安全诊断、安全荣誉与管理创新、连续多年无事故等。

2. 如何评价企业安全绩效？

企业安全绩效评价得分为结果性指标、过程性指标与加分奖励的得分之和。

（1）安全绩效评价分值（P）初始分值1000分，其中结果性指标分值（S）400分，过程性指标分值（M）600分。

另设加分奖励（R）100分。

（2）计算方法

$$P=S+M+R$$

式中

P——安全绩效评价分值；

S——结果性指标分值；

M——过程性指标分值；

R——加分奖励分值。

（3）分数折算

对于企业不涉及的绩效评价要素，其得分按照企业已涵盖要素的实际得分率折算。

根据评价结果将企业安全绩效分为五级：

A级企业：安全绩效评价分值大于等于900分。

B级企业：安全绩效评价分值在900~850（含）分之间。

C级企业：安全绩效评价分值在850~650（含）分之间。

D级企业：安全绩效评价分值在650~600（含）分之间。

E级企业：安全绩效评价分值小于600分。

3. 绩效评价结果如何应用？

（1）公示

集团公司至少每年组织一次安全绩效评定并公示结果；企业对二

级单位至少每半年组织一次安全绩效评定并公示结果；对企业基层单位至少每季度组织一次安全绩效评定并公示结果。

（2）约谈

① 当年评为D级的企业，由事业部(专业公司)组织对企业主要负责人进行约谈。

② 连续两年评为D级的企业，由安全监管局组织对企业主要负责人进行约谈。

③ 当年评为E级的企业，集团公司领导组织对企业主要负责人进行约谈。

④ 连续两年评为E级的企业，集团公司党组对企业主要负责人进行诫勉谈话。

（3）奖惩

① 评价结果作为集团公司安全生产先进集体(包括先进单位、优秀基层队、安全生产示范班组、先进个人等)评选的主要依据。被评为D、E级的企业，不得参加集团公司安全生产先进单位的评选。

② 评价结果作为对企业安全生产专项奖励的主要依据，集团公司安全生产委员会审定同意后，纳入年度经济责任制考核。

4. 企业环境绩效评价要素有哪些？

企业环境绩效考核分为结果性指标、过程性指标、加分奖励指标和扣分指标。

（1）结果性指标：环境事件、废水达标排放率、废气达标排放率、危险废物合规处置率、污染物排放总量等指标完成情况等。

（2）过程性指标：环境组织机构及管理体系、环境计划目标管理、建设项目环保管理、排污许可管理、环境风险防控与应急、环保隐患治理、清洁生产、环境监测、环保设施管理、环境信息公开等。

（3）加分奖励指标：获得环境荣誉及奖励、通过清洁生产验收等。

（4）扣分指标：因环境问题被通报、处罚等。

5. 如何评价企业环境绩效？

企业环境绩效评价得分为结果性指标、过程性指标、加分奖励和扣分的得分之和。

（1）环境绩效考核基础分为100分，包括结果性指标40分，过程性指标60分。加分奖励指标分值上限10分，扣分指标分值上限10分。

根据企业的环境管理难度，设置难度系数为1.0~1.2不等。

（2）企业环境绩效考核得分计算方法为：

$$P=(P_1+P_2+P_3-P_4)\times u_1$$

式中

P——企业环境绩效考核得分；

P_1——结果性指标考核得分；

P_2——过程性指标考核得分；

P_3——加分奖励指标考核得分；

P_4——扣分指标考核得分；

u_1——企业难度系数。

6. 环境绩效评价结果如何应用？

（1）企业环境绩效评价排名结果作为中国石化绩效考核中环境约束性指标加分以及先进单位评选的依据。

（2）排名结果位于各组后15%（含）的企业，不能参加集团公司当年环保先进单位的评选。

（3）考核年度内发生重大环境事件的单位，由能源环境部主要领导对单位主要负责人进行约谈；考核年度内发生特别重大环境事件的单位，由党组分管环保领导对单位主要负责人进行约谈。

5.4 持续改进

1. 年度 HSSE 工作报告包括哪些内容？

主要负责人应按计划组织 HSSE 委员会年度会议(管理评审)，各专业 HSSE 分委会应汇报本专业 HSSE 工作情况，年度 HSSE 工作报告应经 HSSE 委员会年度会议审议，年度 HSSE 工作报告内容应包括：

(1) HSSE 目标指标完成情况。

(2) 上一年度 HSSE 委员会提出的工作计划完成情况。

(3) HSSE 风险及变更情况。

(4) 法律法规的变化和执行情况。

(5) 事故、未遂事件、安全观察及检查和整改情况。

(6) 监测和测量(包括安全设施)情况。

(7) 员工参与和协商情况。

(8) HSSE 管理体系审核情况。

(9) 与相关方的沟通情况(包括政府部门意见、相关方抱怨等)。

(10) HSSE 风险绩效分析和评价情况。

(11) 改进建议。

(12) 表彰 HSSE 先进单位和个人。

依据会议评审意见，主要负责人应组织制定下年度 HSSE 工作计划，内容包括：

(1) 重大风险管控和需要改进的措施。

(2) 明确 HSSE 工作任务、部门、时间及资源的落实情况。

(3) 明确 HSSE 指标和责任，签订 HSSE 责任书。

(4) 对 HSSE 工作计划的完成情况应实施跟踪、考核。

实施篇

1. 建立 HSSE 管理体系需要哪些步骤?

不同的企业，由于生产经营特点和固有基础存在差异，建立 HSSE 管理体系的过程不会完全相同。但总体来说，建立体系的基本步骤是一致的。结合企业的生产经营特点和现有条件，企业建立与运行 HSSE 管理体系一般要经过以下基本步骤：

（1）初始状态评审，按照编制说明开展全面分析评估。

（2）体系文件的编制，体系文件包括体系手册、制度、作业文件和表单。

（3）体系试运行。

（4）内部审核和管理评审。

建立体系不是最终目的，体系的实施运行及 HSSE 目标的实现才是所追求的。因此，在建立 HSSE 管理体系时，除满足集团公司 HSSE 管理体系要求外，还应考虑企业的性质、特点和规模及现有的管理方式和管理体制，从而建立具有本企业特点的 HSSE 管理体系。

2. 中国石化 HSSE 管理体系运行中心的职能定位是什么?

中国石化 HSSE 管理体系运行中心是中国石化 HSSE 管理体系建设与运行管理的机构，指导企业建立 HSSE 管理体系并对体系运行情况进行审核，定期向中国石化 HSSE 委员会报告。指导企业对合资合作企业、战略承包商安全管理体系进行审核。负责集团公司 HSSE 管理体系审核员的选拔、聘用、培养和管理。承担中国石化安全管理信息系统的管理工作。

3. 企业二级单位是否需要单独建立 HSSE 管理体系?

原则上企业二级单位不需要单独建立 HSSE 管理体系或编制制度。

企业的 HSSE 管理体系的相关文件(主要是制度和操作规程)已经明确二级单位和基层单位需要干什么、谁来干、怎么干、干到什么程度，因此二级单位和基层单位只需按照企业 HSSE 管理体系的具体要求开展工作即可。但是，当企业二级单位存在特殊需求时，需要结合自身实际，自行决定是否单独建立 HSSE 管理体系或制度。二级单位单独建立 HSSE 管理体系时也需要在企业 HSSE 管理体系要求的范围内，能简化的尽量简化。

4. 企业 HSSE 管理体系与一体化管理体系的关系?

实施一体化管理体系的企业，必须编制 HSSE 手册，作为一体化管理手册的分册，一体化管理体系中的有关 HSSE 内容要同步更新，确保两者一致。这是因为直接将 HSSE 管理手册与一体化管理手册融合，HSSE 管理体系中的新思想、新要求将难以充分体现、有效落实。单独设置手册有利于 HSSE 管理体系的落地执行，但需要将 HSSE 管理手册中各要素的 KPI 指标纳入企业绩效考核体系一并考核。企业也可将其他体系的要求融合到企业 HSSE 管理体系中，融合后体系整体架构应以《中国石化 HSSE 管理体系(要求)》主体框架(五大部分、30 个要素)为基础，要素可适当增加。

5. 安全生产标准化和中国石化 HSSE 管理体系的关系?

中国石化 HSSE 管理体系融合了安全生产标准化、职业健康、环境、设备完整性、管道完整性等管理体系的要求。企业按照《中国石化 HSSE 管理体系(要求)》建立的体系，完全能满足安全生产标准化的管理要求。

6. 企业应如何开展制度承接?

(1) 企业要比对识别集团公司 HSSE 管理制度，明确哪些制度需要制(修)订，哪些制度需要与专业管理制度相融合，并归口专业部门统一管理(如《中国石化设备(设施)安全监督管理办法》，应将管理要求融入企业的设备管理规定，归口设备管理部门管理)。各要素主责部门要组织责任相关部门识别要素涉及的HSSE管理制度和专业管理制度，形成本要素与相应制度、工作表单的对照表。通过对照表确定制度是否符合要素要求，是否存在制度、表单的不符或缺项，并列出整改计划，由制度主管部门负责整体推进制(修)订工作。

(2) 制度制(修)订完成后，企业应按制度管理要求实现制度要求流程化、流程表单化，并明确各级各岗位的工作职责及工作程序。

(3) 集团公司HSSE管理制度不需要企业一一编制相应的制度，只需将集团公司HSSE管理制度的要求融入企业的相关专业管理制度或HSSE管理制度中即可。

7. 如何科学合理地制订KPI指标？

各要素主责部门要按照企业一体化管理要求，结合业务管理实际，按照可量化、可考核原则设定要素KPI指标(即关键绩效指标)，确实无法量化的要素(如安全文化)可设置定性指标。指标应分解到各部门、单位和基层组织，纳入企业绩效考核体系一并考核。

8. 事业部HSSE体系实施指南的作用？

事业部编制的实施指南，主要目的是通过编制程序文件，来梳理管理流程，明确管理职责，确定关键流程节点。企业要根据《关于全面推进企业HSSE管理体系建设通知》要求，将梳理出来的管理流程、管理职责和关键节点，按照集团公司手册架构，编制手册。体系运行中心审查企业HSSE管理体系建设情况需要企业提供三套文件，一是体系手册，二是制度，三是作业文件和表单。

9. 集团公司 HSSE 管理体系审核与认证审核的关系和要求？

(1) 体系运行中心代表集团公司开展 HSSE 体系审核或审计，是二方审核，企业根据业务需要开展的认证审核是第三方审核。集团公司 HSSE 管理体系审核是集团公司对企业 HSSE 管理体系运行有效性的评估，是集团公司考核各企业 HSSE 管理水平的重要手段。

(2)认证审核是企业通过向相关机构申请认证，获得认证证书，满足市场需要的一种自发行为。企业认证的环境管理体系、职业健康安全管理体系和质量体系认证等最新标准，并未强制要求建立的体系文件必须符合高阶结构，只要求所建立的体系满足体系标准要求的内容即可。HSSE 管理体系要求考虑了 ISO 环境管理体系、职业健康安全管理体系和质量体系的相关要求，与企业所开展的体系认证不冲突。

第一部分

体系建设准备

1. 企业体系建设要成立哪些组织机构?

HSSE 管理体系的建设与实施是系统性、全局性工作，涉及企业生产经营的方方面面，是一把手工程，企业主要负责人要亲自上手，健全体系建设组织机构，制定工作计划，推动工作开展。

（1）成立体系建设领导小组。

① 企业一把手担任领导小组组长，成员应包含主要班子成员、安全总监等。

② 领导小组主要负责部署、检查、指导公司体系建设工作，明确体系各要素主责部门、要素负责人及其管理责任，定期召开体系建设专题推进会，研究、协调、解决影响企业体系建设的突出问题。

（2）成立体系建设工作小组。

① 企业 HSSE 工作分管领导担任工作小组组长，各要素主责部门主要负责人担任副组长，成员包括各要素管理部门的具体工作人员。工作小组负责企业 HSSE 管理现状分析、体系文件制定、HSSE 管理制度制修订、企业体系宣贯培训等工作。

② 企业体系发布、运行后，工作小组负责指导要素主责部门承接集团公司 HSSE 管理要求，检查各要素的运行、纠偏情况；负责组织企业体系内审、管理评审及持续改进工作，推进企业体系建设运行及有效落地。

③ 各要素主责部门在工作小组的指导下，负责组织编写专业相关要素要求，排查、梳理、修订本专业相关制度、流程、表单，对其他专业在制度修订中提出的问题及时响应并协同推进，具体负责体系运行过程中所负责要素要求的承接、运行和纠偏。

④ 企业在划分主责部门时，原则上一个要素应由一个主责部门负责管理，同一要素业务由两个以上主管部门分头负责的，可酌情设置两个主责部门，但要明确牵头部门。分段管理的要素分段确定主管部门。如有多个业务并行的，则按业务确定多个主管部门，但必须确定一个牵头部门。应注意要素职责划分不是简单的业务职责划分，单个要素可能涉及多种业务。如危险化学品储运管理，涉及储存、装卸、

运输三个环节的业务。生产处、计划处、安环处等部门需要主动担责。

2. 企业如何建立体系建设日常工作机制？

（1）企业体系建设期间，工作小组要每周召开工作会议，必要时进行集体办公。跟踪要素主责部门阶段性工作完成情况，研究解决体系建设工作的具体问题，并向领导小组汇报体系建设工作进展情况。

（2）企业体系发布实施后，工作小组要每月召开工作小组体系运行情况例会，各要素主责部门汇报集团公司 HSSE 管理要求的承接、要素运行、纠偏情况，每月向领导小组专题汇报工作进展。

第二部分

HSSE 管理初始状态评审

1. 初始状态评审对象有哪些?

初始状态评审是建立 HSSE 管理体系的基础，主要目的是调查本企业 HSSE 管理情况，为企业建立 HSSE 管理体系搜集信息，总结企业原有的管理经验，发现存在的主要问题，对照集团公司 HSSE 管理体系要求和实施要点，为企业 HSSE 管理体系建设奠定基础。

（1）对企业现有 HSSE 管理现状的初始状态评审，应对照中国石化 HSSE 管理体系要求 30 个要素逐一评审，发现企业生产经营活动管理方面存在的主要问题。

（2）企业生产经营活动必须符合国家、地方法律法规、行业标准及其他相关要求，企业在建立 HSSE 管理体系时，应进行合规性评价，依法合规是初始状态评审的重要内容。

（3）为了突出重点，HSSE 管理体系实施要点中重点关注的内容应列为重点评审对象，予以专项评审，为下阶段开展风险评估、制定管理方案等工作打下良好基础。

2. 评审范围怎么界定?

企业进行初始状态评审的范围应不小于建立 HSSE 管理体系的范围，中国石化下属单位应将体系建设范围涵盖或影响企业运营的所有业务。

3. 评审依据主要包括哪些?

（1）国家、地方的法律法规。

（2）国家或行业标准、企业标准。

（3）中国石化 HSSE 管理体系要求和实施要点、环保实施指南、体系运行管理规定及其他管理制度等。

（4）企业 HSSE 管理规章制度。

（5）操作规程、作业规程等。

4. 初始状态评审的目的是什么？

初评主要了解如下内容：

（1）企业 HSSE 管理现状，包括优秀做法和主要问题。

（2）风险识别与管控情况。

（3）事故(事件)情况。

（4）依法合规情况。

（5）资源配置情况等。

5. 评审组成员怎么选取？

评审组可由企业员工单独组成，也可与外部咨询人员共同组成，取决于初始状态评审的范围、复杂程度和资源。评审组主要人员应是体系建立工作组的骨干力量，选定人员应考虑：

（1）体系领导小组确定评审组长，并要求完成评审。

（2）评审组成员包括安全、环保、管理、技术、生产、工艺、设备等专业人员。

（3）具备相关的评审能力，如面谈、分析、现场检查等。

（4）评审组组成进行技能培训，成员能力达到评审要求。

6. 评审可以采用哪些方法？

进行初始状态评审主要采用资料查阅、面谈、检查表检查、调查表调查等方法开展评审。了解制度执行情况及员工掌握程度可采用面谈或调查表调查方式。风险管控情况可通过资料查阅、现场查看、检查表检查等方式开展评审。检查表、调查表应根据企业实际预先编制。

7. 初始状态评审可以组织哪些培训?

初始状态评审阶段可开展企业管理层领导意识培训，提高企业领导对 HSSE 管理体系的认识。培训内容：

(1) 建立和实施 HSSE 管理体系的目的、要求和步骤。

(2) 国内外 HSSE 管理体系优秀实践。

(3) 中国石化 HSSE 管理体系要求、实施要点和体系管理办法相关要求。

(4) 企业 HSSE 体系建设相关要求等。

参加人员包括企业领导、各部门(单位)领导、HSSE 主管人员、HSSE 工作小组全体人员等。

第三部分

体系文件编制

1. 体系文件编制前应进行哪些策划?

通过初始状态评审和HSSE风险调查，掌握企业HSSE管理现状，依据《中国石化HSSE管理体系要求》30个要素的逻辑内涵和国家有关的政策、法律、法规和技术标准，根据企业财力、物力、人力和现有技术水平情况，结合生产经营实际，着手进行HSSE管理体系策划，主要包括：

（1）企业HSSE管理体系的要素设置。

（2）要素主责部门的划分。

（3）根据HSSE管理全面分析评估结果，对企业体系的建立和实施进行整体策划，制定体系建设和实施的推进计划。

（4）形成文件编写导则，说明文件编写格式、内容和各种记录表格的设计。

（5）HSSE管理制度文件和作业文件一览表。

企业应处理好体系纵向和横向的接口关系：

（1）企业内部各个部门管理职能的接口。

（2）企业与其下属单位体系层次和管理活动接口。

（3）制度文件之间的接口。

（4）制度文件与作业文件的接口。

2. 体系文件包括哪些内容?

企业体系文件应包括HSSE管理手册、HSSE管理制度和相关专业管理制度以及相关作业文件(含操作规程、作业规程、工作表单等)。HSSE管理手册是企业体系运行的指引性文件，HSSE管理制度、相关专业管理制度及作业文件是体系运行的支撑性文件。

3. 编制管理手册应注意哪些问题?

HSSE管理手册是企业HSSE管理体系运行的指引性文件，规定了领导职责、应发挥的引领作用，明确了管理部门和人员开展专业工作应遵守的制度和具体的工作要求，便于基层员工了解掌握企业相应管理流程。

编写 HSSE 管理手册应注意以下问题：

（1）企业结合自身业务特点，根据《中国石化 HSSE 管理体系要求》的主体框架（五大部分、30 个要素），结合 HSSE 工作分析评估报告，确定 HSSE 管理体系要素组成。原则上，根据企业实际，要素可适当合并，但 30 个要素所要求的内容不能删减。不涉及的要素，应在要素下标明“不涉及”字样。要素内容应突出对重点风险的管控要求。每个要素的主责部门和要素负责人要对要素运行的有效性负责。

（2）企业应按照核心管理流程编写要素内容，要素内容应体现与 HSSE 管理制度的关联性及闭环管理思想，对有制度、标准支撑的，要明确“谁来做、做什么”；尚未建立相应制度、标准的，要明确“谁来做、做什么、怎么做、做到什么程度”。

（3）手册附件至少应包括“一图五表”，即《企业组织机构图》《企业 HSSE 管理体系要素职责分配表》《集团公司 HSSE 管理制度与企业制度对应表》《企业 HSSE 管理体系要素与相应制度及表单对应表》《企业 HSSE 管理体系要素 KPI 指标表》《企业 HSSE 管理体系要素关联表》。

（4）HSSE 管理手册中各项内容之间，HSSE 管理手册与企业其他 HSSE 文件之间，应协调一致。无论手册编写阶段，还是体系运行阶段，都应及时处理内外部的不一致情况。

（5）法规、标准和合同中已规定必须执行的要素必须列入；企业绝不能以原有管理基础薄弱、员工素质不高的理由，在手册中有选择的承接集团公司 HSSE 要求。

（6）HSSE 管理手册内容既要系统，又要避免面面俱到、冗长重复。内容要求文字准确、语言精练、结构严谨，还要通俗易懂，以便企业内全体员工能理解和掌握。

4. 制度编制的工作步骤是什么？

制度应解决部分部门之间的业务接口和业务管理程序，突出的是规定清楚由哪个部门或哪几个部门按什么程序，先干什么，后干什么，如何干，怎样才能较好地完成该任务，侧重于解决业务部门交叉关系的理顺。编写管理制度的工作步骤：

（1）对现行文件的收集和分析

收集集团公司和企业现行的各种标准、制度和规定等文件，应该以 HSSE 管理体系有效运行为前提，以制度文件的要求为尺度，对这些文件进行一次清理和分析，摘其有用、删除无关，按制度文件内容及格式要求进行改写。

（2）人员培训

对挑选出的参加制度文件编写的人员必须进行必要的培训，以保证编写的质量。

（3）编制制度文件明细表

一个企业的制度文件的多少，每个制度的详简、篇幅和内容都没有硬性规定，在实现预期目的的前提下，制度文件个数和单个制度篇幅越少越好；各个制度之间，要有必要的衔接，也要避免相同的内容在不同的制度之间有较大的重复。根据企业 HSSE 管理体系总体设计方案，按体系要素逐级展开，制定制度文件明细表，明确制度主管部门及相关部门的职责，对照已有的各种文件，明确需新编改造和完善的制度文件，制定计划逐步完成。

（4）确定编写方法

编写方法一般分为集中编写和分散编写两种。集中编写就是将所有制度文件集中让几个人或几个部门（如体系主管部门）统一编写。采用这种方法时，编写人员必须提前征求体系要素各主管部门负责人的意见并了解掌握各有关部门 HSSE 活动的特点。

分散编写就是按所描述的职业安全健康活动的内容及职责，将制度文件分给职业安全健康活动的业务主管部门编写。从理论上讲，最有资格编制制度文件的，应该是直接从事该项活动的员工，但对这部分人员必须进行必要的培训，才能保证制度文件的编制质量。

（5）拟定编制计划

HSSE 管理体系办公室工作人员应对全部准备编写的制度文件拟定

编制计划，包括各制度文件的依据要素、文件名称、主管部门、配合部门，并加上完成时间、编写人、协调人等内容。

5. 制度文件与作业文件的区别与联系？

制度文件主要是指导部门、解决部门之间的职责和工作程序的。制度文件以解决部门接口、理顺机关横向处室接口和所属单位纵向接口关系为重心。

作业文件指导管理岗位行为，是管理活动的指南文件，它和制度文件的区别在于它以指导岗位管理为主。作业文件应突出操作性，使管理人员根据作业文件规定能够管理好该业务。

6. 如何编写操作规程？

一般操作规程是针对岗位或针对整套装置或某一车间的，包括工艺技术规程、安全技术规程、设备检修规程等。岗位操作规程应该包括以下部分：

（1）工艺原理、工艺过程、涉及物质等。

（2）岗位职责，即操作人员明白需要做什么。

（3）工艺控制指标，就是要达到的目的，维持的工艺状态。

（4）正常、异常、紧急情况下的操作步骤。

（5）事故处理，发生危险时的 HSSE 措施等。

（6）安全环保要求等。

以上内容可根据企业惯例和生产装置、作业过程具体情况编制。实际操作中应严格按照编制的规程进行操作。

7. 企业体系建设领导小组对体系文件的审查重点关注哪些方面？

（1）企业 HSSE 管理体系手册框架是否符合集团公司要求，是否满足企业发展需求及体系管理要求。

（2）企业 HSSE 管理体系要素设置是否合理，是否体现了板块特点、企业特点；要素要求是否体现了“做什么、谁来做、怎么做、做到什么程度”；要素主责部门界定是否体现了“管业务必须管安全”“管业务必须管环保”的原则。

（3）企业是否针对集团公司 HSSE 管理制度编制了 HSSE 管理制度制修订计划，并按照计划制修订企业制度，集团公司 HSSE 管理制度中有关专业 HSSE 管理要求是否融入专业管理规定；体系要素要求是否有相应的管理制度、流程(程序)、表单等体系文件来承接，是否建立对应清单。

第四部分

HSSE 管理体系试运行

1. 体系试运行的目的是什么？

（1）通过体系试运行，验证 HSSE 管理体系文件的有效性和协调性，针对暴露出的问题，进一步完善 HSSE 管理体系文件，与企业实际运营情况匹配。

（2）通过风险评估、风险管控等要素的运行，实现对重大风险和环境因素的控制；通过检查与审核、绩效考核、持续改进等要素的实施，达到体系的初步闭环运行。

（3）通过体系各要素的实施，积累体系运行的有效证据，为内部审核与集团公司审核做准备。

2. 如何开展试运行工作？

体系试运行阶段企业应加强管理力度，在每个层面都要全面参与体系的运行，每个环节都要按照体系要求运转，充分发挥体系应有的各项功能。在运行中应做到：

（1）事事有人管，人人有专责，办事有程序，活动有资源，检查有标准，问题有处理。

（2）体系运行中暴露的问题，及时进行信息沟通、研究和记录，为完善 HSSE 管理体系提供依据。

可以通过以下方面促进 HSSE 管理体系有效试运行：

（1）确定组织机构和职责

要素运行主责部门负责要素的实施、协调及监督管理；其他部门依据其管理职责分工和体系文件的要求，各负其责；落实职责的原则是一项管理职能由一个部门主管，当涉及多个部门时，必须明确主管部门；在各部门、单位中落实各部门、单位人员的职责。

（2）体系宣贯与培训

企业体系发布后，体系建设工作小组要针对性开展各级人员培训，确保各部门和全体员工理解和掌握体系要求，并贯彻执行。

① 企业各级领导人员培训。重点培训领导力要素，提升各级领导在 HSSE 管理体系建设、运行上的引领力水平。

② 各级管理人员培训。重点培训风险管控相关要素，切实提升风险管控水平。

③ 企业体系建设工作小组人员培训。重点培训如何检查、指导要素主责部门承接集团公司 HSSE 管理要求和本部门主管要素的运行、纠偏工作，确保体系各要素运行正常，不走偏。

④ 企业体系内审员培训。全面培训企业体系、制度要求，培训审核方法和技巧，确保体系审核有效开展。

⑤ 全员培训。通过不同媒介向全体员工宣传《HSSE 管理手册》基本内容，促进各层级人员了解在体系运行工作中的职责、体系的基本要求。

（3）手册和制度文件的执行

手册和制度文件发布后，各职能部门按照制度文件来实施，相关部门对本部门的职责内的培训进行监督检查。

3. 体系运行期间如何检查和完善？

体系运行期间要开展定量或定性检查，主要监测依法合规、目标实现、风险控制、体系文件执行等情况。可采取“主动”检查和“被动”检查结合的方式，需要保存记录，对存在的问题及时沟通、解决。

（1）主动检查的指标举例

① 员工对方针、管理者承诺的理解情况。

② HSSE 培训数量及培训效果、高层管理者的 HSSE 参与次数。

③ 员工对改进 HSSE 的建议、抱怨或建议的解决情况。

④ 员工对风险和控制的认知情况。

⑤ 工作场所职业危害因素状况(如噪声、粉尘等)。

⑥ 员工防护设施的使用情况等。

⑦ 污染物达标排放情况。

（2）被动检查的指标举例

① 事故、事件、隐患数量。
② 行为安全指数。
③ 职业病记录。
④ 投诉数量等。

4. 体系运行效果不佳的主要原因？

（1）各级领导未将重视 HSSE 落到实处，未以身作则；企业只重视迎审、迎检；只重视体系建设，不重视体系运行。

（2）直线责任、属地管理落实不到位；岗位员工 HSSE 职责落实执行不到位。

（3）缺乏培训或培训质量不高；基层管理人员对 HSSE 体系要求理解不充分，内审人员培训未达到相应目的。

（4）工程技术人员及生产管理人员没有投入到生产过程的风险评估工作，风险识别与评估缺乏专业性，深度、广度与实际差距大。

（5）HSSE 绩效管理存在误区，员工缺乏改进体系运行绩效的主动性。

（6）缺乏规范稳定的 HSSE 投入机制。

（7）对承包商等相关方的监督管理力度不足。

第五部分

内部审核和管理评审

1. 内部审核的范围是什么？

审核范围明确了审核的深度和界限。内审的范围原则上应包括体系所覆盖的所有区域、部门、活动和服务。

2. 内部审核的时机和频次？

HSSE 管理体系内部审核，可分为例行内部审核和专项内部审核。例行审核一般每年开展一次，或按照企业内部审核规定的次数开展，需要覆盖所有部门和要素。

特殊情况下需要专项审核，开展专项审核的条件包括：

（1）企业的领导层、隶属关系、组织机构、承诺方针、目标、风险、生产工艺及现场等有较大改变。

（2）发生了严重的 HSSE 问题或相关方有严重投诉、抱怨。

（3）即将开展集团公司审核等。

3. 内部审核的步骤是什么？

HSSE 管理体系包括以下步骤：

（1）确定任务

内部审核应明确审核范围和审核准则（审核依据，如集团公司 HSSE 管理体系要求、实施要点、管理办法、企业 HSSE 管理手册、制度、规程等），根据审核范围确定工作量和任务大小。

（2）审核准备

指定审核组长和确定审核员；审核组长负责编制审核计划并分配审核组成员，及时通知受审部门；安排首、末次会议事宜；审核组成员应进行文件预审，包括管理手册、制度文件、作业文件等文件；审核组成员编制检查表。

(3) 现场审核

审核组按照审核计划，准时到达审核现场，召开首次会议，说明审核的目的、范围、准则和方法。现场审核应以事实为依据，以 HSSE 体系文件的规定为准绳，收集客观证据，并做出公正判断。

现场审核方法主要是通过查阅文件和记录、面谈和现场观察三种方式。如发现不符合，要按规定填写不符合项报告，并请受审核方对事实表示认可签字。

现场审核需要召开末次会议，会上审核方应报告审核发现，宣读不符合项报告和宣布审核结论，并要求受审核方在会后提出纠正措施计划。

(4) 审核汇总分析

审核组长应根据审核小组成员的审核证据和审核发现分析体系运行的有效性和符合性。并与上次内审情况比较，评价持续改进情况。

(5) 纠正措施的跟踪

体系管理部门应组织内审人员对受审核及纠正计划和措施的落实情况进行跟踪验证，形成闭环。对各部门纠正措施的情况进行汇总分析，作为管理评审的依据。

(6) 编写审核报告

审核组长应参照规定的内容和格式编写审核报告，批准后发放给受审部门。

4. 管理评审的目的是什么？

企业 HSSE 委员会应每年组织管理评审，评审体系的适宜性、充分性和有效性，总结企业 HSSE 管理工作，研究确定下一步 HSSE 工作目标和措施，并制定计划、配置资源。

管理评审通常有两种方式：会议评审和现场评审。

参加评审人员通常包括：各主管领导、各部门(单位)领导、HSSE 管理委员会成员、HSSE 办公室成员等。一般评审每年至少一次。在特殊情况下，如：HSSE 管理体系有较大变动、法律法规出现新的要求、企业发生较大的安全生产事故(事件)或环境污染事故(事件)、相关方强烈要求时，企业应根据具体情况及时增加评审次数。

5. 管理评审的步骤是什么?

(1) 制定评审计划

根据企业 HSSE 委员会要求，由 HSSE 主管部门编制管理评审计划，通知参加评审的部门、人员。

(2) 准备评审资料

由要素主管部门准备、汇集评审资料。体系主管部门汇总各要素主管部门评审材料，结合 HSSE 管理体系运行现状、内部审核结果等资料，形成体系运行报告。

(3) 召开评审会议

会议应认真分析各部门的汇报材料，找出体系运行中存在的主要问题，引导与会人员深入探讨，取得共识，找出原因，明确改进的方向和方法、措施。对于需要专题研究的事项，分管领导组织有关部门或人员进行专项研讨。

管理评审会议议程可包括：

① 最高管理者主持管理评审会议。

② 汇报体系运行情况及各职能部门进行专题汇报。

③ 按评审内容进行讨论、评价，对有关问题作出决策。

④ 形成结论。

(4) 审批签发管理评审报告

管理评审报告审定后签发，分发给所有参加评审的人员和相关部门。

管理评审报告的内容包括：

① 管理评审的目的和内容。

② 评审概况(包括日期、单位和评审人员等)。

③ HSSE 管理体系运行情况的综合评价，运行中存在的问题及原因分析。

④ 对存在问题采取纠正和预防措施的决定和要求。

⑤ 提出 HSSE 管理体系可持续发展的建议。

（5）存档

管理评审记录及报告由主管部门归档，保存期至少 3 年。

（6）评审后续要求

① 通过管理评审发现的问题，HSSE 体系主管部门发至责任单位或部门。

② 责任部门组织调查分析产生不符合的原因，制定改进和纠正措施并组织实施。

③HSSE 体系主管部门组织改进和纠正措施结果验证。

④涉及文件变更的，由原文件编制部门根据变更规定进行文件更改。

6. 管理评审的内容有哪些？

管理评审的内容主要包括：

① HSSE 体系审核的结果：应对企业 HSSE 管理体系内部审核或外部审核的结果进行分析研究，尤其是在内审中发现的重大问题和审核组作出的审核结论与体系改进意见，管理评审应加以审查和确认。

② HSSE 绩效：关注企业 HSSE 相关的过程绩效和结果绩效的实现情况，评价绩效是否实现持续改进等。

③ HSSE 存在的突出问题：企业应对内外部检查等发现的突出问题进行系统分析，确定整改情况及措施的有效性。

④ 合规性：合规性包括法律法规及其他要求的符合情况，合规性涵盖企业的各发展阶段，包括立项、设计、建造、运行、报废等。

⑤ HSSE 投入的效果：主要包括费用投入与使用，是否按照国家规定计提，按照相应要求投入，同时关注投入的效果。

⑥ 企业内外部环境变化。

⑦ HSSE 优秀实践等。

7. 管理评审的输出有哪些？

（1）企业 HSSE 管理体系的适宜性、充分性和有效性的总体评价结论，HSSE 管理体系运行情况说明。

（2）对 HSSE 管理体系的改进要求和改进措施。

（3）与相关方要求有关的改进决定和措施。

（4）所需的资源保障。

（5）注重整改的落实和纠正、预防措施实施情况的验证。

附录

附录 1　中国石化 HSSE 管理体系管理规定(试行)

1　总则

1.1　为规范中国石化 HSSE(生产安全、环境、健康和公共安全)管理体系(以下简称 HSSE 管理体系)的建立、运行、审核及持续改进工作，制定本规定。

1.2　本规定适用于中国石化总部机关各部门、各企事业单位、股份公司各分(子)公司(以下简称企业)。

1.3　HSSE 管理体系采用基于风险的原则和系统化的方法，融合了职业健康、安全、环境、设备完整性、管道完整性和过程安全等管理体系的目标和要求，由《中国石化 HSSE 管理体系(要求)》《中国石化 HSSE 管理体系实施要点》(以下简称“实施要点”)和 HSSE 管理制度组成。

2　职责与分工

2.1　安全监管局、能源管理与环境保护部

2.1.1　负责组织 HSSE 管理体系的建立运行、审核和持续改进。

2.1.2　负责 HSSE 管理体系相应要素的运行、纠偏和持续改进，是 HSSE 管理体系相应要素的主责部门。

2.1.3　负责组织审核员的培训和考核。

2.2　负有专业安全环保管理职责的总部职能部门

按照“谁的业务谁负责”的原则，负责 HSSE 管理体系相应要素的运行、纠偏和持续改进，是 HSSE 管理体系相应要素的主责部门。

2.3　总部其他职能部门

按照业务分工，配合要素主责部门推进 HSSE 管理体系运行，在组织制定的规章、制度、标准中，落实 HSSE 管理体系要求。

2.4　事业部

负责监督指导本业务板块企业 HSSE 管理体系的建立运行和持续改进。

2.5　企业

2.5.1　负责企业 HSSE 管理体系的建立运行、内部审核和持续改进。

2.5.2　企业结合实际，参照 HSSE 管理体系职责分配表(见附件 5.1)，明确相应要素的主责部门，主责部门负责相应要素的运行、纠偏和持续改进。

2.6　青岛安全工程研究院

2.6.1　负责指导企业 HSSE 管理体系的建立运行，审查企业编制的《HSSE

管理手册》。

2.6.2　承担集团公司组织的HSSE管理体系审核任务，以及集团公司级体系审核员培训和管理任务。

2.6.3　承担HSSE管理体系运行中心的日常工作。

3　管理内容

3.1　体系建立与运行

3.1.1　《中国石化HSSE管理体系(要求)》由集团公司HSSE委员会批准后发布；集团公司HSSE管理制度按照《中国石化制度管理办法》规定的程序审批后发布。

3.1.2　企业应依据《中国石化HSSE管理体系(要求)》和“实施要点”，结合本单位实际，编制企业《HSSE管理手册》，修订HSSE管理制度和相关操作规程。

3.1.3　企业《HSSE管理手册》由企业HSSE委员会批准后发布。企业HSSE管理制度和操作规程依据企业相关管理规定，按程序审批后发布。

3.1.4　集团公司及各企业应将HSSE管理体系要素融入业务流程，明确管理标准，实施过程管控。

3.2　体系审核与审计

3.2.1　安全监管局会同能源环境部组织集团公司审核，集团公司审核原则上每三年覆盖所有直属企业。

3.2.2　根据需要或当行业、企业发生具有重大影响的事故(事件)时，集团公司对企业组织开展专项审核。

3.2.3　原则上集团公司对得到授权执行集团公司HSSE管理体系的控股及负责管理的公司，每三年组织一次HSSE审核，对参股(非控股)公司每五年组织一次HSSE审计。

3.2.4　企业每年组织一次内部审核。

3.2.5　审核前应组建审核组，审核应经过培训，取得相应资格。

3.2.6　被审核单位或要素主责部门应针对审核中发现的问题，制定整改计划，落实整改措施，及时纠偏。

3.2.7　审核组应对整改情况进行现场或书面验证。

3.3　持续改进

3.3.1　安全监管局、能源环境部应根据法规变化、集团公司HSSE检查和审核结果、企业HSSE绩效，提出HSSE管理体系改进建议，经集团公司HSSE委员会评审批准后，对HSSE管理体系进行改进。

3.3.2　企业根据HSSE管理体系的修订情况、HSSE检查、HSSE绩效、集团公司审核和内部审核的结果等，提出HSSE管理体系改进建议，经企业HSSE

委员会评审批准后，对 HSSE 管理体系进行改进。

3.3.3　当内外部环境发生重大变化时，可根据变化先行制修订 HSSE 管理制度，HSSE 管理体系要求及时跟进修订。

4　审核结果与管理指标

4.1　集团公司审核结果是 HSSE 管理指标(见附件 5.2)的重要内容，是企业年度 HSSE 绩效评价的重要依据。年度内未接受集团公司审核的企业，集团公司可采用企业内部审核的结果，作为对企业年度 HSSE 绩效评价的依据。

4.2　对内部审核结果与实际运行状况明显不符的企业，集团公司在年度 HSSE 绩效评价时取消其评优资格。

4.3　根据集团公司审核结果，集团公司对 HSSE 业绩提升明显的企业予以奖励，明显下降的进行帮扶。

4.4　根据审核结果，企业应对不履行职责的要素主责部门、责任人，取消评优和评先资格；对 HSSE 绩效提升显著的部门(单位)或做出重要贡献的个人，给予奖励。

5　附件

5.1　企业 HSSE 管理体系要素职责分配表(参考表)

5.2　HSSE 管理指标

附件 5.1　企业 HSSE 管理体系要素职责分配表（参考表）

序号	部分	要素	党群部门	发展计划部门	财务部门	企业改革管理部门	人事部门	安全环保部门	审计部门	监察部门	宣传部门	生产技术部门	法律部门	工程部门	设备动力部门	物资供应部门
1	领导引领	1.1 领导引领力	○	○	○	○	▲	★	○	▲	○	○	○	○	○	○
2		1.2 HSSE 组织	○	○	○	○	★	▲	○	○	○	○	○	○	○	○
3		1.3 HSSE 责任	○	○	○	▲	▲	★	○	○	○	○	○	○	○	○
4	全员尽责	1.4 HSSE 投入	○	▲	★	○	○	▲	▲	▲	○	○	○	▲	○	○
5		1.5 社会责任	○	▲	○	○	○	▲	○	○	★	○	○	○	○	○
6	评估风险	2.1 依法合规	○	○	○	○	○	▲	○	○	○	○	★	○	○	○
7		2.2 风险识别与评估	○	▲	○	○	○	★	○	○	○	▲	○	▲	▲	▲
8	治理隐患	2.3 重大危险源	○	○	○	○	○	★	○	○	○	▲	○	▲	▲	▲
9		2.4 隐患排查治理	○	▲	▲	○	○	★	○	○	○	▲	○	▲	▲	▲
10	管控过程	3.1 培训管理	○	○	○	○	▲	★	○	○	○	○	○	○	○	○
11		3.2 建设项目管理	○	▲	○	○	○	▲	○	○	○	○	○	★	○	○
12		3.3 生产运行管理	○	○	○	○	○	▲	○	○	○	★	○	○	○	○
13		3.4 危险化学品储运管理	○	○	○	○	○	★	○	○	○	▲	○	○	○	○
14	强化执行	3.5 设备设施管理	○	○	○	○	○	▲	○	○	○	▲	○	○	★	▲
15		3.6 施工作业管理	○	○	○	○	○	▲	○	○	○	○	○	★	▲	○
16		3.7 承包商管理	○	○	○	○	○	▲	○	○	○	▲	○	★	▲	★
17		3.8 变更管理	○	○	○	▲	▲	★	○	○	○	▲	○	▲	▲	▲
18		3.9 员工健康管理	▲	○	○	○	▲	★	○	○	▲	○	○	○	▲	▲

续表

序号	部分	要素	党群部门	发展计划部门	财务部门	企业改革管理部门	人事部门	安全环保部门	审计部门	监察部门	宣传部门	生产技术部门	法律部门	工程部门	设备动力部门	物资供应部门
19	管控过程	3.10 公共安全管理	○	○	○	○	○	★	○	○	○	○	▲	○	○	○
20		3.11 污染防治与生态保护	○	▲	▲	○	○	★	○	○	○	○	○	○	○	○
21	强化执行	3.12 应急管理	○	○	▲	○	○	▲	○	○	▲	★	○	▲	▲	▲
22		3.13HSSE 信息管理	○	○	○	○	○	★	○	○	○	▲	○	○	○	○
23	聚焦基层	4.1 基层 HSSE 组织建设	▲	○	○	▲	★	○	○	○	○	○	○	○	○	○
24		4.2 纪律和行为	▲	○	○	▲	○	★	○	○	○	○	○	○	○	○
25	夯实基础	4.3 现场安全管理	▲	○	○	▲	○	★	○	○	○	○	○	○	○	○
26		4.4 基层安全活动	○	○	○	○	○	★	○	○	○	▲	○	▲	○	○
27	总结创新	5.1 检查与审核	○	○	○	○	○	★	○	○	○	○	○	○	○	○
28		5.2 事故事件管理	▲	○	○	○	○	★	○	▲	○	○	○	○	○	○
29	持续改进	5.3 绩效考核	○	○	○	○	○	★	○	○	○	▲	○	▲	▲	▲
30		5.4 持续改进	○	○	○	○	○	★	○	○	○	▲	○	▲	▲	▲

注★主责部门　▲配合部门　○相关部门

附件 5.2　HSSE 管理指标

1. HSSE 管理体系审核结果

——体系审核评估分数

2. HSSE 事故(事件)

——HSSE 事故(事件)率

——损失工时率

——总可记录伤害率

——废气排放计划达标率

——废液排放计划达标率

——固废处理计划达标率

附录 2　关于印发中国石化 HSSE 管理体系的通知

各企事业单位、股份公司各分(子)公司：

现将中国石化 HSSE 管理体系印发给你们，请深入学习宣贯并加快本企业 HSSE 体系构建和修订工作，确保中国石化 HSSE 管理体系于 2019 年 1 月 1 日起正式实施。现将有关工作通知如下：

一、深入学习宣贯中国石化 HSSE 管理体系。集团公司将利用中国石化信息门户网站、《中国石化报》、中国石化微信公众号等媒介，对中国石化 HSSE 管理体系进行解读宣贯；10 月份将组织总部机关有关部门、各企事业单位和股份公司各分(子)公司的相关领导及负责人，开展中国石化 HSSE 管理体系的宣贯培训；各企业要充分利用班子会、HSSE 月度例会，企业门户网站、举办培训班等多种途径和方式深入学习宣贯中国石化 HSSE 管理体系，为中国石化 HSSE 管理体系的有效实施奠定基础。

二、选拔、培训集团公司级 HSSE 管理体系审核员。集团公司将选拔、培训 100 名左右 HSSE 管理体系审核员，培训结束后，由中国石化 HSSE 体系运行中心统一组织，分片区指导企业构建和修订 HSSE 体系。各企业要做好人员推荐工作，积极推荐符合条件的骨干人员参加集团公司 HSSE 管理体系审核员的选拔和培训(具体要求另行通知)。

三、启动企业 HSSE 体系构建和修订工作。各企业要按照《中国石化 HSSE 管理体系管理办法》的要求，重新梳理和明确各部门的 HSSE 职责；成立 HSSE 体系构建和修订工作小组，确定参与部门和工作责任人，明确工作分工和时间节点，依据《中国石化 HSSE 管理体系(要求)》和《中国石化 HSSE 管理体系实施要点》，结合实际，组织编制或修订本企业《HSSE 管理手册》，修订完善 HSSE 管理制度和操作规程。

四、明确 HSSE 体系构建和修订工作进度及时间节点。各企业要加强组织，选调骨干力量，加快推进本企业 HSSE 体系的构建和修订工作。要求集团公司主要生产、建设企业于 2019 年春节前，编制或修订完成《HSSE 管理手册》，修订完善 HSSE 管理制度和操作规程，并将《HSSE 管理手册》报送中国石化 HSSE 管理体系运行中心审查、备案。

其中，中原油田分公司、镇海炼化分公司、广东石油分公司、胜利石油工程公司、管道储运有限公司、宁波工程公司等前期参与中国石化 HSSE 管理体系编制的企业，于 12 月底前率先完成本单位 HSSE 体系的构建和修订工作，发挥示范引领作用。

附件：1. 中国石化 HSSE 管理体系(要求)

2. 中国石化 HSSE 管理体系实施要点(略)

附件1　HSSE管理体系(要求)

目　录

第一部分　组织引领 全员尽责

1.1　领导引领力

1.2　HSSE组织

1.3　HSSE责任

1.4　HSSE投入

1.5　社会责任

第二部分　评估风险 治理隐患

2.1　依法合规

2.2　风险识别与评估

2.3　重大危险源

2.4　隐患排查治理

第三部分　管控过程 强化执行

3.1　培训管理

3.2　建设项目管理

3.3　生产运行管理

3.4　危险化学品储运管理

3.5　设备设施管理

3.6　施工作业管理

3.7　承包商管理

3.8　变更管理

3.9　员工健康管理

3.10　公共安全管理

3.11　污染防治与生态保护

3.12　应急管理

3.13　HSSE信息管理

第四部分　聚焦基层 夯实基础

4.1　基层HSSE组织建设

4.2　纪律和行为

4.3　现场HSSE管理

4.4　基层安全活动

第五部分　总结创新 持续改进

5.1　检查与审核

5.2　事故事件管理

5.3　绩效考核

5.4　持续改进

第一部分　组织引领 全员尽责

领导是 HSSE 工作的核心推动力，各级领导应带头履行 HSSE 职责，建立健全 HSSE 组织和制度，建设卓越的 HSSE 文化，积极履行社会责任。

1.1　领导引领力

1.1.1　企业主要负责人应推动建立和有效运行 HSSE 管理体系，持续改进 HSSE 绩效。

1.1.2　企业主要负责人应组织制定企业 HSSE 工作目标和计划，提供人力、物力和财力等资源保障。

1.1.3　各级领导应带头遵守 HSSE 管理制度，组织识别风险、管控风险，参加 HSSE 检查和安全观察。

1.1.4　各级领导应公示并践行 HSSE 承诺，定点承包安全环保风险、组织治理事故隐患。

1.1.5　企业主要负责人应每季度组织召开 HSSE 委员会会议，每月召开工作例会，研究解决 HSSE 工作运行中的主要问题，决策重要事项。

1.1.6　企业应建立完善基层信息传达反馈渠道，采纳合理化建议。

1.2　HSSE 组织

1.2.1　企业应设立 HSSE 委员会，配备安全总监，设立 HSSE 管理部门。

1.2.2　企业负有专业安全环保管理职责的部门应设立兼职的安全环保管理岗位。

1.2.3　基层单位应设立 HSSE 领导小组。

1.2.4　企业应设置环境监测机构或委托有资质的单位进行监测。

1.3　HSSE 责任

1.3.1　企业应按照“谁的业务谁负责，谁的属地谁负责，谁的岗位谁负责”“党政同责”的原则，明确各部门、各单位和各岗位的 HSSE 职责，责任落实到人。

1.3.2　企业应建立 HSSE 责任落实情况的考核机制。

1.3.3　企业 HSSE 管理部门负责 HSSE 综合协调管理、考核、支持和服务。

1.4　HSSE 投入

1.4.1　企业应将 HSSE 投入纳入预算管理。

1.4.2　企业应根据风险分级管控和隐患排查治理的实际需要，及时安排

HSSE 投入。

1.4.3　企业应评估 HSSE 投入的实施效果。

1.5　社会责任

1.5.1　企业应将安全发展、绿色低碳作为履行社会责任的首要任务。

1.5.2　企业应建立与政府部门、公众和媒体的沟通机制，及时回应社会关注的 HSSE 问题。

1.5.3　企业应履行中国石化"责任关怀"承诺，定期向社会及相关方发布 HSSE 信息。

1.5.4　企业应协助地方开展应急救援工作，参加社会公益活动。

第二部分　评估风险 治理隐患

坚持基于风险的策略，识别大风险、消除大隐患、杜绝大事故，建立风险分级管控和隐患排查治理预防机制。

2.1　依法合规

2.1.1　企业应具备法律法规要求的生产经营条件，依法取得安全环保行政许可，并保持其有效性。

2.1.2　企业应及时识别、落实法律法规和标准规范要求，确保生产经营活动依法合规，安全环保生产条件符合最新要求。

2.2　风险识别与评估

2.2.1　*总体要求*

2.2.1.1　企业应在投资决策、选址、设计、建造、生产运营、停用、废弃和拆除等阶段，开展风险识别与评估，落实风险管控措施。

2.2.1.2　企业应定期识别工艺技术、设备(设施)、操作、作业、人员、劳动组织等风险，及以上因素变更的风险，按照中国石化安全风险矩阵、环境风险评价准则确定风险等级和风险值。

2.2.1.3　企业应分专业、分层级建立风险清单，确定控制措施，绘制风险分布图，公示重大风险。

2.2.1.4　企业应根据风险识别与评估的结果，制定风险管控目标，分解任务，落实责任。

2.2.1.5　企业各级主要负责人应承包本单位的最大风险，其他领导承包相应风险；承包期内应实现风险降级或风险值降低，确保风险可控。

2.2.1.6　采用新技术、新工艺、新设备和新材料时，应进行风险评估。

2.2.1.7　以下情况，企业应对风险进行再识别与评估：

a）法律、法规和标准变化；

b）危险源发生变化；

c）环境风险源发生变化；

d）风险管控措施失效；

e）发生事故或突发环境事件；

f）同行业发生重大影响的事故；

g）内外部环境发生变化等。

2.2.2　生产过程安全风险

2.2.2.1　企业应对生产过程，特别是工艺异常、操作失误、设备(设施)故障等可能引起的突发泄漏、火灾、爆炸、中毒和窒息等过程安全风险进行识别与评估，实施过程安全管理。

2.2.2.2　生产过程安全风险的识别与评估应重点关注：

a）危险化学品和危险化工工艺；

b）重大危险源；

c）大型机组、高温油泵等重点设备；

d）酸性高硫气田设备(设施)；

e）含硫原油、天然气处理装置；

f）高含硫长停井、已封井；

g）油气输送管道、化学品码头和储运设施；

h）危险化学品装卸；

i）污水处理系统和公用工程；

j）涉海(水)设备(设施)；

k）员工能力；

l）临时设立的人员集中办公或休息场所等。

2.2.3　作业过程安全风险

2.2.3.1　企业应对工程建设、检维修等作业安全风险进行识别与评估，特别是对作业过程中可能存在的高处坠落、物体打击、机械伤害、火灾、爆炸、中毒、窒息、触电、淹溺、灼伤和跌倒等风险进行识别与评估。

2.2.3.2　作业过程安全风险识别与评估应重点关注：

a）特殊作业；

b）非常规作业；

c）交叉作业；

d）脚手架搭设、拆除作业；

e）边生产边施工作业；

f）容器、管线打开作业；

g）爆破作业；

h）深基坑、大型管沟施工作业；

i）抢修、抢险作业；

j）劳动组织和个人技能等。

2.2.4　员工健康风险

2.2.4.1　企业应对员工的职业健康、身体健康和心理健康风险进行识别与评估。

2.2.4.2　员工健康风险识别与评估应重点关注：

a）职业性有害因素集中及超标场所；

b）高温、边远地区和极寒、高原等艰苦地区工作人员；

c）身体、心理健康异常人员；

d）境外长期工作人员等。

2.2.5　公共安全风险

2.2.5.1　企业应针对自然灾害、地质灾害、恐怖袭击、刑事犯罪、社会治安事件、公共卫生等公共安全风险进行识别与评估。

2.2.5.2　公共安全风险识别与评估应重点关注：

a）各类生产调度应急指挥中心；

b）主要生产装置区、危险化学品码头和装卸区，油气输送管道、储油(气)罐、油气处理/净化站场；

c）放射源库、民用爆炸物品库、剧毒品/易制毒/易制爆危险化学品仓库；

d）"两特两重"(特殊地区、特殊时期、重大活动、重大节日）涉及地和政府发布的恐怖威胁指向地；

e）境外企业(项目)等。

2.2.6　交通安全风险

2.2.6.1　企业应对人员、交通工具、气象条件和环境因素导致的交通安全风险进行识别与评估。

2.2.6.2　企业应对危险货物，特别是危险化学品运输风险进行识别与评估。

2.2.6.3　企业应对人员集中出行交通安全风险进行识别与评估。

2.2.7　环境因素及风险

2.2.7.1　企业应识别设计、建设、运行、检维修、拆除、处置和土地恢复等过程中的环境因素，评估其环境影响。环境因素包括污染物的排放和处置、能源与资源的消耗。

2.2.7.2　企业应动态识别环境风险源，对突发环境事件风险进行评估；应分级建立动态环境风险清单，确定各级重大环境风险，并制定管控措施。

2.2.7.3　环境风险识别与评估应重点关注：

a）危险化学品装置、罐区；

b）油(气)输送管道；

c）化学品码头及危险化学品装卸、运输过程；

d）环境敏感地区油气开发作业活动；

e）涉海(水)设备(设施)和作业活动等。

2.3 重大危险源

2.3.1 企业应建立重大危险源管理制度，进行重大危险源辨识与评估，确定重大危险源等级，建立档案，并按照要求报备。

2.3.2 企业应明确重大危险源管理的责任部门和责任人，制定和落实管控措施。

2.4 隐患排查治理

2.4.1 企业应建立隐患排查治理制度，制定排查标准，组织隐患排查、评估、分级和治理，建立隐患治理档案。

2.4.2 企业应按照规定向集团公司和当地政府报告重大隐患。

2.4.3 隐患排查治理应重点关注：

a）区域布置合规性；

b）生产工艺本质安全性；

c）设备(设施)完整性；

d）电气与仪表系统可靠性；

e）安全设施及其附件完好性；

f）噪声、毒物、粉尘等超标场所；

g）危险化学品装卸运输作业；

h）特殊作业、高风险的非常规作业；

i）环保设施运行稳定性；

j）主要废气、废水排放口管理情况；

k）危险废物贮存、处置、利用合规性；

l）重大环境风险管控情况；

m）公共安全防范措施；

n）劳动组织和人员行为等。

第三部分　管控过程 强化执行

将风险管控贯穿于企业生产经营全过程，建立管理标准和流程，落实业务、属地和岗位责任，实施过程风险管控。

3.1　培训管理

3.1.1　企业应明确安全培训管理责任部门，按照法律法规和岗位能力要求制定培训矩阵和年度培训计划，并组织实施。

3.1.2　管理人员培训以提升守法合规意识、风险意识和安全引领力为重点。

3.1.3　技术人员培训以提升风险评估、管控措施制定和隐患排查治理能力为重点。

3.1.4　操作人员培训以提升安全操作、查找隐患和初期应急处置能力为重点。

3.1.5　企业应按照“教考分离”的原则进行培训考核。

3.1.6　企业应在基层单位建立培训考核与上岗晋级挂钩机制。

3.1.7　企业应建立专(兼)职培训师资队伍，提供培训场所，配备培训设施等资源。

3.1.8　企业应将劳务派遣人员纳入培训范围，对承包商人员进行入厂(场)前安全教育和验证式考核；对到访和临时外来人员进行 HSSE 告知或入厂(场)教育。

3.2　建设项目管理

3.2.1　*总体要求*

3.2.1.1　建设项目 HSSE 设施应与主体工程同时设计、同时施工、同时投入使用(简称“三同时”)，取得相应行政许可。

3.2.1.2　建设项目“三同时”审查应注重风险管控措施的有效性；建设项目安全、环保、职业健康和消防各阶段审查提出的整改措施应予落实。

3.2.1.3　建设单位应对设计、采购、建造、安装等全过程进行质量控制，并建立溯源机制。

3.2.2　*设计*

3.2.2.1　企业选用的工艺、设备和材料应遵循本质安全化和清洁化原则，设计阶段采用危险与可操作性分析(HAZOP)、安全仪表完整性等级评估(SIL)等方法进行风险评估。

3.2.2.2　HSSE设施的设置和应急物资的配备应满足标准规范和风险管控要求。

3.2.2.3　环保治理等项目在技术选择、设计时，应进行安全论证。

3.2.3　试生产与竣工验收

3.2.3.1　建设项目试生产(使用)前，企业应组织对试生产(使用)方案进行审查，对试生产(使用)条件进行确认。

3.2.3.2　海上设施、煤矿的试生产，应按照规定备案或取得相关批复。

3.2.3.3　建设项目投入生产(使用)前，企业应组织对HSSE设施进行竣工验收。

3.2.3.4　纳入排污许可管理的建设项目，在取得排污许可前禁止投料试生产；需开展环境影响后评价的项目，应按照要求开展环境影响后评价。

3.3　生产运行管理

3.3.1　操作规程

3.3.1.1　企业应制定操作(作业)规程，明确操作(作业)步骤、工艺参数，以及异常应急措施。

3.3.1.2　企业应定期组织管理、技术和操作人员对操作(作业)规程进行评审；在工艺条件发生重大变化或发生事故时，应对操作(作业)规程进行评审与修订。

3.3.2　生产运行控制

3.3.2.1　企业应按照装置(设施)设计能力和环保设施处理能力安排生产，不得超温、超压、超设防值运行。

3.3.2.2　企业应建立报警与联锁管理制度，对报警分级管理；未经风险评估和审批不得摘除、停用联锁，不得停用安全设施。

3.3.2.3　企业应建立生产异常的分析、报告和处置制度，在危及安全情况下，按照程序紧急停车。

3.3.2.4　可燃、有毒气体报警仪和在线监测设备应定期检测、标定，监测数据应真实准确。

3.3.3　停工和开工

3.3.3.1　企业应在装置(设施)停工前，组织风险评估，确认安全环保条件，编制和审查装置(设施)停工方案。

3.3.3.2　装置(设施)检修结束后应进行验收，编制和审查开工方案，开工前进行安全条件确认、环保措施落实情况检查。

3.3.3.3　环保装置(设施)应后停先开，并确保污染物受控及达标排放，停、开工的环保信息应按照要求向政府环保部门报备。

3.3.4 化学品安全

3.3.4.1 企业应向供应商索取原辅材料和助剂等化学品安全技术说明书，向员工、客户、承包商和承运商等提供相关化学品安全技术说明书。

3.3.4.2 企业应对危险性不明的化学品进行危险性鉴别和评估。

3.3.4.3 企业应建立化学品台账，对生产、使用危险化学品的品种、数量和存放地点进行动态管控。

3.4 危险化学品储运管理

3.4.1 危险化学品储存

3.4.1.1 企业应按照要求分区、分类储存危险化学品，未经评估、审批，不得变更储存介质，不得超量储存。

3.4.1.2 危险化学品罐区管控重点：

a）报警和联锁系统；

b）紧急切断系统；

c）紧急泄放系统；

d）消防和冷却喷淋系统；

e）氮气密封系统；

f）涉及毒性气体、液化气体、剧毒液体罐区的独立安全仪表系统；

g）油气回收系统；

h）储罐的安全附件、有毒和可燃气体报警设施；

i）全压力式液化烃储罐的注水设施；

j）防雷防静电设施；

k）储罐切水的现场监护等。

3.4.2 危险化学品装卸与运输

3.4.2.1 企业应建立危险化学品装卸与运输管理制度，管理和操作人员应具备相应资质。

3.4.2.2 企业应核实承运商及人员的相关资质，核实危险化学品运载车辆(船舶)、罐体等设施的检验合格证，装卸前应检查确认运载工具的安全状况。

3.4.2.3 装卸应严格按照操作(作业)规程进行，最大限度减少装卸区域的人员和车辆。

3.4.2.4 企业和承运商应了解危险化学品运输沿途的应急救援资源，向司机和押运人员提供应急处置卡。

3.5 设备设施管理

3.5.1 设备完整性管理

3.5.1.1 企业应推行设备完整性管理，开展设备检验、测试和预防性维修等工作。

3.5.1.2　设备完整性管理应重点关注：

a）系统完整性；

b）腐蚀检测；

c）缺陷管理；

d）失效数据；

e）重要的安全附件、仪表和保护系统；

f）关键机泵、钻机、海上平台、特种车辆等。

3.5.2　特种设备管理

3.5.2.1　企业应明确特种设备的管理部门和职责。

3.5.2.2　企业应按照规定对特种设备进行登记、注册，制定特种设备检验计划，定期检验；延期使用时应进行风险评估。

3.5.2.3　企业应保持特种设备的安全附件完好。

3.5.3　HSSE 设施管理

3.5.3.1　企业应明确 HSSE 设施运行和维护的责任部门。

3.5.3.2　HSSE 设施应纳入企业设备完整性管理。

3.5.4　长输管道完整性管理

3.5.4.1　管道企业应推行长输管道完整性管理。

3.5.4.2　长输管道完整性管理应重点关注：

a）途经高后果区和地质灾害易发区的管道；

b）穿跨越段；

c）管道本体、附属设施及安全控制系统的定期检验检测；

d）违章占压、打孔盗油和第三方施工；

e）废弃管道的管理等。

3.5.5　泄漏管理

3.5.5.1　企业应建立泄漏管理制度和台账，加强泄漏源头控制，优化监测报警设置，制定高风险泄漏部位现场应急处置方案。

3.5.5.2　泄漏管理应重点关注：

a）含硫化氢介质，氯、氨、苯等物料的泄漏；

b）装卸过程泄漏；

c）液化烃法兰密封；

d）可燃气体压力管线；

e）高温油泵密封；

f）高温、高压设备和管线易腐蚀部位等。

3.5.5.3　企业应开展泄漏原因分析，制定并落实管控措施。

3.5.5.4　企业应开展泄漏检测与修复(LDAR)工作。

3.5.5.5　企业应对泄漏介质及污染物及时处置，防止引发次生事故。

3.6　施工作业管理

3.6.1　施工作业应制定安全技术措施，危险性较大的分部分项工程应编制专项施工方案，并组织审查。

3.6.2　特殊作业、高风险的非常规作业以及生产区域内的临时作业等实行许可管理，作业前应组织相关人员进行作业安全分析(JSA)，现场落实安全管控措施，根据不同施工阶段的风险特点，对施工人员分阶段开展安全培训和安全技术交底。

3.6.3　未经审批不得改变作业人员、范围、时间、地点和作业程序。

3.6.4　施工过程中应确保污染物达标排放，危险废弃物依法合规处置，施工完成后做到工完料净场地清。

3.7　承包商管理

3.7.1　企业应对承包商(承运商、供应商)的安全资质和专业资质进行审查确认。

3.7.2　企业在签订承包合同时，应同时签订安全生产管理协议，将其作为合同附件。

3.7.3　严禁项目转包、违法分包，严禁以劳务分包的名义进行转包。

3.7.4　企业应为承包商提供符合要求的作业条件，不得随意压缩工期。

3.7.5　企业应依据项目进度和不同阶段的安全风险，对承包商管理人员、施工人员的安全教育和能力验证实施动态管理。

3.7.6　企业应对承包商施工机具进行入场前检查；施工过程中实施动态检查和管理。

3.7.7　企业和承包商、监理管理团队应定期或不定期对施工现场开展安全检查，及时处理违规行为。

3.7.8　企业应定期评估承包商HSSE绩效，评估结果与承包商准入和业务承揽量挂钩，推动承包商自主管理。

3.8　变更管理

3.8.1　企业应严格控制变更，未经风险评估不得批准，未经批准不得实施。

3.8.2　企业应评估变更效果，培训相关人员，及时修订、归档相关文件。

3.8.3　变更管理应重点关注：

a) 原料和辅料变更；

b) 生产工艺和关键参数变更；

c）控制系统、报警和联锁变更；

d）安全设施、安全附件变更；

e）设备类型、设备关键部件和材质变更；

f）管理制度和操作规程变更；

g）施工作业方案变更；

h）劳动组织和关键人员变更等。

3.9 员工健康管理

3.9.1 企业应建立健全员工健康管理工作机制，实行全员、全面健康管理，制定年度员工健康管理工作计划并组织实施。

3.9.2 企业应为员工提供安全健康的工作环境与劳动条件，对职业性有害因素进行动态监控，对超标场所进行治理。

3.9.3 企业应定期开展全员健康检查，对员工健康状况进行评估，不得安排健康条件不符合岗位要求人员和有职业禁忌证人员从事不适合的工作。

3.9.4 企业应按要求做好工伤、职业病等人员的诊断鉴定、治疗、康复等工作。

3.9.5 企业应为员工提供必要的个体防护装备。

3.9.6 企业应推行员工帮助计划(EAP)，关注员工心理健康。

3.9.7 企业应关注员工工作外安全和健康。

3.10 公共安全管理

3.10.1 企业应收集、分析公共安全信息，识别所在地及周边公共安全风险并采取防控措施。

3.10.2 企业应对固定生产作业区、重点防范区、工地实施封闭化管理。

3.10.3 企业应明确交通工具、司乘人员、货物装卸和行驶路线等管理要求，管控交通风险。

3.10.4 企业应建立健全自然灾害信息预警机制，因地制宜采取综合防治措施，完善各类应急保障资源，提升防灾减灾救灾能力，最大限度降低灾害损失。

3.10.5 企业应实行“两特两重”公共安全升级管理。

3.11 污染防治与生态保护

3.11.1 总体要求

3.11.1.1 企业污染防治应遵循源头消减、过程控制、末端治理的优先顺序，建立清洁生产长效机制，按照“谁主管，谁负责”的原则，做好污染防治和生态保护工作。

3.11.1.2 企业应依法缴纳环境保护税，投保环境污染责任险。

3.11.2 水污染防治

3.11.2.1 企业应对废水实施分级控制，实施清污分流、污污分治，加强水的串级使用和回用，减少废水和污染物排放量。

3.11.2.2 企业应配套完善废水治理设施，确保废水达标排放。

3.11.3 废气污染防治

3.11.3.1 优化能源结构、采用清洁燃料和先进技术，实现燃烧废气达标排放。

3.11.3.2 工艺尾气宜先回收利用，不能回收利用的经有效处理后达标排放。

3.11.3.3 无组织排放废气宜采取密闭化收集、防尘抑尘等措施，确保达标排放。

3.11.4 固体废物污染防治

3.11.4.1 企业应制定固体废弃物减量化、资源化、无害化工作目标和计划。

3.11.4.2 企业危险废弃物的收集、贮存、运输、处理和处置应依法合规。

3.11.5 噪声污染防治

企业应采用低噪声设备或采取有效措施，防止或减轻环境噪声污染。

3.11.6 土壤和地下水

企业应将土壤和地下水监测纳入环境监测计划，定期开展监测，对污染源采取管控措施，防范土壤和地下水污染。

3.11.7 生态保护

企业应落实相关生态保护要求，避让生态保护红线区，制定生态保护和恢复治理方案，降低生态环境扰动。

3.11.8 清洁生产

3.11.8.1 企业应执行有关清洁生产和节约能源等规定，将清洁生产纳入规划、计划，以及建设、生产和经营等工作中。

3.11.8.2 企业应按照“领导负责、全员参与、全过程控制”的原则开展清洁生产工作，持续开展清洁生产审核，实现节能降耗、减污增效。

3.11.9 环境监测与统计

3.11.9.1 企业应根据生产经营过程污染物产生排放的实际情况、周边环境质量状况，制定满足要求的监测计划并选用国家标准或行业标准分析方法监测，确保数据准确、可靠。

3.11.9.2 企业应按照集团公司和地方政府的要求开展环境统计，对污染防治、风险防控、生态保护、周边环境质量等信息进行统计分析，按照月、季、年度节点报告集团公司及地方政府。

3.12 应急管理

3.12.1　应急组织

3.12.1.1　企业应建立应急指挥中心，组建应急救援队伍，基层单位应建立义务应急队。

3.12.1.2　集团公司建立区域应急联防机制，企业应与当地政府、周边应急力量建立应急协调工作机制。

3.12.2　应急准备

3.12.2.1　企业应编制应急预案和现场处置方案，定期、分级开展应急演练。

3.12.2.2　企业应建立应急物资管理制度，合理配置应急物资。

3.12.3　监测预警与应急响应

3.12.3.1　企业应配备监测设备设施，对生产作业活动和场所实时检测，及时研判事故风险，发布预警信息。

3.12.3.2　企业应实行应急响应分级管理，基层单位应关注异常，做好初期应急处置。

3.12.3.3　发生突发环境污染事件后，企业应开展应急监测，对污染物的扩散和污染趋势进行预测预警。

3.12.3.4　突发环境事件处置结束后，企业应开展生态损害评估、赔偿与修复工作。

3.12.3.5　恢复正常生产和经营前，企业应组织风险评估和条件确认；必要时修订完善有关制度和应急预案。

3.13　HSSE 信息管理

3.13.1　企业应收集、分析和应用 HSSE 信息，按照国家法律法规及集团公司要求管理 HSSE 文件、记录和台账。

3.13.2　需要纳入管理的信息主要包括：

a）化学品信息；

b）工艺、设备(设施)及布局等基础信息；

c）风险、隐患等动态信息；

d）报警、设备故障、异常工况等生产异常信息；

e）事故事件信息；

f）地方政府行政处罚信息等。

第四部分　聚焦基层 夯实基础

HSSE 工作的重心在基层，应建立健全基层 HSSE 组织和运行机制，确保岗位操作规范、异常及时发现、初期应急处置得当。

4.1　基层 HSSE 组织建设

4.1.1　基层 HSSE 领导小组应由基层领导、各专业人员以及班组长组成，基层主要负责人直接负责 HSSE 工作，基层专业技术人员承担专业安全管理职责。

4.1.2　企业应确保 HSSE 信息和管理要求传达到基层，基层信息能有效反馈。

4.1.3　基层义务应急队应包括管理、技术和操作人员，基层主要负责人担任队长。

4.1.4　企业应加强班组初期应急能力建设与考核。

4.2　纪律和行为

4.2.1　企业应明确工艺、操作和劳动纪律要求，制定安全行为规范和负面清单，建立激励约束机制。

4.2.2　基层应监督各项纪律和安全行为规范的执行。基层领导和专业技术人员应定期进行现场巡查。

4.2.3　班组应严格执行现场交接班制度和巡回检查制度。

4.3　现场 HSSE 管理

4.3.1　基层单位应划分现场责任区域，明确责任人，实施网格化管理。

4.3.2　生产、施工现场应按照要求设置 HSSE 标识和警示标志。

4.3.3　生产、施工现场应进行封闭化、标准化管理，进出现场人员和车辆必须持有效证件。

4.3.4　企业应明确操作和作业的监护要求，基层单位应明确监护人，落实监护责任。

4.3.5　企业应利用视频监控系统强化生产、施工现场的安全监管。

4.4　基层安全活动

4.4.1　基层安全培训应立足岗位，以实操培训考核为主。

4.4.2　基层应急演练应针对岗位生产、操作风险管控要求进行，提升异常发现和初期应急处置能力。

4.4.3　基层应在会前、岗前开展事故教训等安全分享活动。

4.4.4　企业应推动基层开展“全员安全诊断”。

4.4.5　企业应建立基层单位安全管理评比标准，开展“比学赶帮超”活动，选树示范基层单位和示范班组。

第五部分　总结创新 持续改进

开展HSSE检查、体系审核和绩效考核，重视事故教训汲取和经验分享，不断总结HSSE管理工作，持续提升HSSE绩效。

5.1　检查与审核

5.1.1　检查

5.1.1.1　企业应制定年度HSSE检查计划，开展HSSE综合检查和专项检查，检查做到年度全覆盖。

5.1.1.2　企业应运用HSSE检查表等工具，明确检查重点，量化检查结果。

5.1.1.3　检查发现的问题应实施闭环管理。

5.1.2　审核

5.1.2.1　集团公司对企业每三年组织一次体系审核，或根据需要组织专项审核。企业应每年组织一次内部体系审核。

5.1.2.2　审核应制定计划，重点审核体系的符合性和有效性，编制审核报告。

5.1.2.3　审核人员应经过培训，取得相应资格。

5.1.3　审计

5.1.3.1　企业应按照中国石化相关规定和合资合作协议要求对合资公司开展HSSE审计。

5.1.3.2　审计应重点关注合资公司HSSE管理体系的建立健全和运行，以及中国石化委派人员的HSSE履职情况等。

5.1.3.3　企业应对长期和战略承包商进行HSSE审计。

5.2　事故事件管理

5.2.1　企业应规范事故事件的报告和调查处理工作，查明事故原因，落实整改措施。

5.2.2　事故调查和分析应重点分析技术标准、技术方案、操作规程等技术原因和制度执行、责任落实等管理原因。

5.2.3　企业应依据失职追责和尽职免责的原则，严格事故责任追究。

5.2.4　企业应加强生产异常、未遂事件管理，系统分析原因，发现事故苗头，及时纠偏。

5.2.5　企业应建立事故事件分享机制，收集事故事件案例，对照问题，举一反三，排查整改。

5.3 绩效考核

5.3.1 集团公司建立 HSSE 绩效考核机制，开展 HSSE 年度绩效考核。

5.3.2 企业应建立 HSSE 绩效考核制度，对职能部门、基层单位和员工进行 HSSE 绩效考核。

5.3.3 企业应建立健全正向激励机制，对 HSSE 管理做出重要贡献的个人给予奖励。

5.4 持续改进

5.4.1 企业 HSSE 委员会应每年组织管理评审，评审体系的适宜性、充分性和有效性，总结企业 HSSE 管理工作，研究确定下一步 HSSE 工作目标和措施，并制定计划、配置资源。

5.4.2 管理评审应重点关注：

a）HSSE 体系审核的结果；

b）HSSE 绩效；

c）HSSE 存在的突出问题；

d）合规性；

e）HSSE 投入的效果；

f）企业内外部环境变化；

g）HSSE 优秀实践等。

5.4.3 企业应注重日常工作纠偏，根据 HSSE 检查结果、员工改进建议以及行业内外相关事故事件，改进 HSSE 管理。

附录3　关于全面推进企业HSSE管理体系建设工作的通知

各企事业单位、股份公司各分(子)公司:

为加快推进中国石化HSSE管理体系落地实施，现就企业HSSE管理体系(简称企业体系，下同)建设工作提出如下要求。

一、健全组织机构

企业体系建设是系统性、全局性工作，涉及企业生产经营的各个方面，企业主要负责人要亲自负责，健全体系建设组织机构，制定工作计划，推动工作开展。

(一)成立体系建设领导小组。

企业主要负责人担任领导小组组长，成员应包含所有班子成员、安全总监等。领导小组主要负责部署、检查、指导企业体系建设工作，明确体系建设主管部门、各要素主责部门、要素负责人及其管理责任，定期召开体系建设专题推进会，研究、协调、解决影响企业体系建设的突出问题。要素主责部门和要素负责人对体系要求与专业管理的有效融合负责。

(二)成立体系建设工作小组。

企业HSSE工作分管领导担任工作小组组长，安全总监担任常务副组长，体系建设主管部门、各要素主责部门主要负责人担任副组长，成员包括各要素管理部门的具体工作人员。

工作小组负责企业HSSE管理现状分析、企业体系文件编制、企业体系宣贯培训等工作。企业体系建设期间，工作小组要每周召开会议，必要时集中办公，听取要素主责部门阶段性工作完成情况，并向领导小组汇报企业体系建设工作进展。

二、企业HSSE管理体系文件编制

(一)企业HSSE管理手册编制。

企业要依据《中国石化HSSE管理体系(要求)》的主体框架，结合自身业务和风险特点，编制HSSE管理手册(简称“手册”，下同)。实施一体化管理体系(多体系融合)的企业，手册可作为一体化管理手册的分册，一体化管理体系要求内容同步更新，确保两者一致。

手册编写应参考《企业HSSE管理手册编写说明》和某企业HSSE管理手册示例。企业必须结合自身工作实际编写手册，严禁照搬照抄手册示例内容。

(二)HSSE管理制度和相关专业管理制度制修订。

企业要比对识别集团公司HSSE管理制度，明确哪些制度需要制修订，哪些制度需要与专业管理制度相融合，并归口专业部门统一管理(如《中国石化设备(设施)安全监督管理办法》，应将管理要求融入企业的设备管理规定，归口设备管理部门管理)。对识别出的制度，要按照“谁主管谁负责”的原则，明确制度制修订责任部门及完成时间，抓紧开展制度制修订工作。

制度制修订完成后，企业应按制度管理要求实现制度要求流程化、流程表单化，并明确各级各岗位的工作职责及工作程序。原则上企业二级单位及基层组织不再编写制度。

(三)体系建设时间节点要求。

1. 参与试点的中原油田分公司、镇海炼化分公司、广东石油分公司、胜利石油工程公司、宁波工程公司、上海石油化工研究院、管道储运有限公司7家企业，于3月15日前完成HSSE管理手册编制并上报中国石化HSSE管理体系运行中心审查(企业制修订的制度同步上报)，3月31日前完成本单位体系的发布实施。

2. 其他企业应根据以下时间要求完成手册编制、制度制修订及其上报工作，并于7月31日前完成本单位体系的发布实施。

油品销售企业、油气管道储运企业、科研院所于6月1日前完成手册编制、制度制修订并上报体系运行中心审查；

炼油化工企业、炼化工程企业于6月20日前完成手册编制、制度制修订并上报体系运行中心审查；

油气田企业、石油工程企业于7月10日前完成手册编制、制度制修订并上报体系运行中心审查。

3. 对于合资企业，代表中国石化进行管理的单位应督促其对标《中国石化HSSE管理体系(要求)》，按照就高原则，于2019年年底前修订完成合资企业的HSE管理体系，并将公共安全管理内容纳入其中。

4. 各企业应积极鼓励改制企业、战略承包商对标中国石化HSSE管理体系，自我完善HSSE管理。要按照中国石化承包商安全管理要求，组织对改制企业、战略承包商进行安全审计，不断提升其HSSE管理业绩和水平。

5. 各企业应于每月20日前向中国石化HSSE管理体系运行中心上报企业体系建设月度工作进展。

三、其他要求

(一)中国石化HSSE管理体系运行中心负责对企业HSSE管理体系建设工作进行指导、检查；中国石化安全培训中心负责组织开展企业体系建设培训工作。

(二)企业体系建设领导小组应对手册进行审查，确保手册适宜、充分。企业审查通过后，上报中国石化HSSE管理体系运行中心进行审核，审核通过后方可发布实施。